中国图书馆事业发展报告 2008

中国图书馆学会
国 家 图 书 馆 编

國家圖書館出版社

图书在版编目(CIP)数据

中国图书馆事业发展报告 2008/中国图书馆学会,国家图书馆编.—北京:国家图书馆出版社,2009.10

ISBN 978-7-5013-4005-7

Ⅰ.中… Ⅱ.①中… ②国… Ⅲ.图书馆事业-研究报告-中国-2008 Ⅳ.G259.2

中国版本图书馆 CIP 数据核字(2009)第 171312 号

书名 中国图书馆事业发展报告 2008

著者 中国图书馆学会 国家图书馆 编

出版 国家图书馆出版社(原北京图书馆出版社)
(100034 北京市西城区文津街 7 号)

发行 010-66139745 66151313 66175620 66126153
66174391(传真) 66126156(门市部)

E-mail cbs@nlc.gov.cn(投稿) btsfxb@nlc.gov.cn(邮购)

Website www.nlcpress.com→投稿中心

经销 新华书店

印刷 北京联兴盛业印刷股份有限公司

开本 880×1230(毫米) 1/32

印张 6

版次 2009 年 10 月第 1 版 2009 年 10 月第 1 次印刷

字数 150 千字

书号 ISBN 978-7-5013-4005-7

定价 20.00 元

编写说明

本《报告》反映2007年度中国图书馆事业发展基本情况。

本《报告》由国家图书馆资助、中国图书馆学会组织编纂，得到学会各分支机构、首都图书馆及有关专家学者鼎力支持，谨致谢忱！

项目负责：汤更生

项目统筹：孙学雷

执 笔 人：

综合报告：卓连营

分报告一（国家图书馆）：张　彦　曹海英

分报告二（公共图书馆）：陈　坚　张　娟

分报告三（高校图书馆）：王　波

分报告四（专业图书馆）：刘细文　赵树宜

分报告五：

党校图书馆：秦　虹

团校图书馆：郑丹娘

军队图书馆：刘家坤　丁立平

医院图书馆：张文举

中小学图书馆：骆桂明

工会图书馆：李　华

分报告六（图书馆学教育）：肖希明　卢　娅　文　甜

分报告七（图书馆学研究）：刘兹恒

分报告八（中国图书馆学会）：孙学雷　王旭东

目　　录

综合报告

近年来,国家高度重视文化建设,做出一系列重大部署,分别下发了《关于进一步加强基层文化建设的指导意见》、《关于进一步加强农村文化建设的意见》、《关于深化文化体制改革的若干意见》、《国家"十一五"时期文化发展规划纲要》、《关于进一步加强公共文化服务体系建设的若干意见》等一系列文件,从不同方面对发展公益性文化事业、构建公共文化服务体系提出具体要求。2007 年 6 月,中共中央政治局召开会议,专门研究加强公共文化服务体系建设,明确提出覆盖全社会的公共文化服务体系的基本框架,提出了构建公共文化服务体系的根本目的在于实现和保障公众的基本文化权利,满足公众的基本文化需求。2007 年 10 月,在党的十七大报告中更是突出强调了加强文化建设、提高国家文化软实力的重要性,强调要兴起社会主义文化建设新高潮,推动社会主义文化大发展大繁荣。这一系列方针政策的出台,使得我国图书馆事业发展的社会环境、政策环境、保障程度出现了前所未有的变化,而以此为契机,我国的图书馆事业进入了快速发展的良好时期,取得了长足的进步与发展。

一、基本状况

(一)国家图书馆

截至 2007 年底,国家图书馆建筑面积 17 万平方米,正式工作人员 1330 人。接待到馆读者3 264 704人次，文献流通量14 215 122册次，办理读者证卡 10.20 万个，网上读者点击率为11 285.6万人次。此外，还通过讲座、展览等形式服务公众，全年举办各类型讲座 228 场，听众共计 5.62 万人次。截至 2007 年底，馆藏文献总量达 2631 万册(件)。

2007 年国家图书馆财政拨款额为40 255万元，比 2006 年增加11 044万元，增幅为 37.8%；总支出36 885万元，比 2006 年增加 6745 万元，增幅为 22.3%。

2007 年国家图书馆新增藏量购置费13 770万元，均为图书购置费，比 2006 年增长 768 万元，增幅为 5.9%。

(二)公共图书馆

截至 2007 年，全国县级以上公共图书馆共有 2798 个，比 2006 年增加 21 个。其中，县级图书馆 2414 个，独立建制的少年儿童图书馆 84 个。2007 年全国公共图书馆从业人员50 190名，比 2006 年增加 179 人。现有公共图书馆房屋建筑面积 724.4 万平方米，比 2006 年增加 21.9 万平方米。阅览坐席 52.4 万个，电子阅览室终端数44 623个。

2007 年全国公共图书馆文献总藏量49 422万册(件)，其中书刊436 943万册。本年新购藏量 2290 万册，比上年增长 15.9%。

总流通人次为25 777万人次，比上年增加 951 万人次，书刊外借册次19 897 万册次，共举办读者活动84 049次，发放借书证 1263 万个。

2007 年公共图书馆财政拨款355 185万元，比上年增加64 917万元，增幅为 22.36%。总支出394 440万元，比上年增长80 506万元，增幅为 25.6%。新增藏量购置费73 716万元，其中图书购置费64 492万元，比 2006 年增加11 399万元，增幅为 21.47%。

（三）高校图书馆

截至2007年，全国共有高等教育院校和机构3842所，比上年3901所减少59所，其中普通高等学校1908所，成人高等学校413所，民办高等学校297所，独立学院318所，民办其他高等教育机构906所，这些院校和机构均设置了规模不等的校（院、系）属图书馆（室）。[1]

另外，据2007年12月对535所高校图书馆馆藏文献资源累积总量调查，总数约为108 256万册（件），平均每馆约为202万册（件）；据对534所高校图书馆正式职工人数调查，总数为25 571人，平均每馆47.8人；据对534所高校图书馆馆舍面积调查，总面积约为909万平方米，平均每馆约1.7万平方米；据对151所高校图书馆在建馆舍情况调查，设计总面积约为412万平方米；据对527所高校图书馆文献资源购置费调查，总额约为17亿元，平均每馆约320万元。

（四）专业图书馆

2007年，国家科技图书文献中心（成员单位包括中国科学院文献情报中心、工程技术图书馆、中国农业科学院图书馆、中国医学科学院图书馆等），订购外文印本期刊15 940种，会议录等文献3354套（含6547种），新增外文文献1800种，订购数据库光盘122种。订购的网络版外文全文期刊总量达到375种，其中全国开通的达到320种，比上一年增长49%。新增订购中文科技电子图书17 116种，总量达到21万种。全年新增数据2320万条，数据总量达6385万条，同比增长56%。检索量达到6046万人次，同比增长45%，文献检索调看文摘232万篇次。全文传递服务84万篇，其中中心网络服务系统提供近26万篇，是2001年的10倍。

(五)其他系统图书馆

医院图书馆

截至 2007 年,全国卫生机构总数约为 29.9 万个,其中医院 19 847个,社区卫生服务中心(站)2.7 万个,乡镇卫生院 4.0 万个。[2] 其中万余家医疗机构建有专门的图书馆(室)、信息科或信息中心,购买纸本或电子医学资源,承担为科研教学、临床等提供信息的任务。据对全国 18 个省市 700 多家医院图书馆的调研表明:馆舍平均面积约 230 平方米,最大的医院图书馆馆舍面积 3160 平方米,馆舍面积 1000 平方米以上的共有 19 家,最小的图书馆面积只有 10 平方米。三级医院图书馆藏书在 1000 万册以上,平均每个馆藏书约 2 万册;二级医院图书馆藏书约为 220 万册,平均每个馆藏书约 8000 册。三级医院图书馆的经费主要用来购买外文期刊和网络数据库,约占全部经费的 75% 以上,其中外文期刊约占 65%,网络数据库约占 12%;二级医院图书馆仍以中文印本文献为收藏重点,用于订购中文图书的经费占 30% 左右,用于中文期刊的费用占 40% 左右。约有 8% 的医院图书馆建立了自己的网站,主要由图书馆的工作人员进行维护更新。

军队院校图书馆

自 1987 年《中国人民解放军院校图书馆工作条例》颁布实施,20 年来,军队院校图书馆建筑面积由 20 余万平方米增加到 55 万平方米,独立馆舍由 20 多个增加到 89 个,其中面积在 1 万平方米以上的图书馆由 2 个增加到 12 个。拥有服务器 500 余台、工作终端 2000 余台、交换机 750 余台,存储容量超过 400TB,电子阅览室 1.2 万余个。全军院校图书馆馆藏文献总量 20 年来翻了一番,达到几千万册(部),其中纸质文献平均馆藏 40 余万册,最多达到 220 万册。数字信息资源从 1997 年启动建设,现数据总量近 300TB。每年接待读者约 1100 万人次,文献流通量约 720 万册(件),网站点击率约 1000 万人次。

工会图书馆

截至2007年9月底，馆藏图书1万册以上的工会图书馆（室、站）有29 153个。其中，基层企事业工会图书馆（室、站）14 769个；县级及县级以上工会包括工业园区工会图书馆（室、站）14 384个。[3]

中小学图书馆

截至2007年，全国共有小学校320 061所，在校学生10 564万人；普通初中学校为59 109所，在校学生5720万人；普通高中学校15 618所，在校学生2522万人。[4] 小学图书馆总面积1340万平方米，人均0.126平方米；藏书148 222万册，人均14.03册，电子图书8896万片，人均0.84片。普通中学图书馆总面积726万平方米，人均0.126平方米，藏书89 493万册，人均15.64册，电子图书5616万片，人均0.98片。普通高中图书馆总面积1023万平方米，人均0.41平方米，藏书58 696万册，人均23.27册，电子图书7988万片，人均3.17片。

（六）图书馆学教育

截至2007年，我国有图书馆学专业教育机构50个。2006年，我国共有48所院校及图书馆开办图书馆学专业教育，本科教育点28个。到2007年，本科教育点数量降至26个，其中有5所院校停止了对于图书馆学本科层次的招生，但同时又有包头师范学院、贵州大学、郑州航空工业管理学院3所院校新开设了图书馆学本科专业。2006年我国图书馆学硕士学位授予点40个，2007年又增加2个（上海大学文学院、中南大学医学技术与情报学院医药信息系），数量达到42个。

2002年，我国仅有北京大学、武汉大学和中国科学院文献情报中心3家设立了图书馆学博士学位授予点，而从2003年开始，南京大学、南京政治学院上海分院、南开大学、中山大学和吉林大学也分别获得了图书馆学博士学位授予权。至2007年,图书馆学博士研究生招生单位增至8家。2003年,北京大学、武汉大学和中国人民大学分别获批设立了图书馆、情报与档案管理博士后流动站。2007年南京大学也获批设立了图书馆、情报与档案管理博士后流动站。

(七)图书馆学研究

通过检索中国期刊网(CNKI)"图书馆学、图书馆事业"专题数据库,检索到2007年发表的期刊论文18 563篇,比2006年的16 067篇增长了15%;其中,核心期刊论文4084篇,比2006年的4117篇基本持平;2007年还出版了130余种图书馆学方面的专门著述,这些论文和著述主要涉及的领域有图书馆学基础理论、信息资源建设、信息资源组织、数字图书馆建设、图书馆管理与法制建设等各个方面。同时,2007年业界还组织召开了"中国图书馆学会2007新年峰会"、"第五次全国图书馆学基础理论研讨会"、"2007数字图书馆建设与应用研讨会"等一系列专业研讨会议,深入探讨业界面临的重要理论与实践问题,推动理论研究与实际工作的进展。

(八)中国图书馆学会

中国图书馆学会是由全国图书馆及相关行业或机构科技工作者自愿结合成立的全国性、公益性、学术性、非营利性的群众团体,是中国科学技术协会所属的全国性的国家一级学会,设有秘书处(专职机构)、学术研究委员会、编译出版委员会等四个专门工作委员会、专业图书馆分会、高校图书馆分会等八个分支机构以及《中国图书馆学报》。截至2007年,学会拥有全国个人会员9768人,团体会员215家。2007年,学会通过策划组织新年峰会、年会、百县馆长论坛等一系列既切合实际又具有较高学术价值的学术交流与研讨活动,在贯彻落实《国家"十一五"时期文化发展规划纲要》、构建公共图书馆服务体系以及组织志愿者行动、推广全民阅读等许多方面引领和推动了中国图书馆事业有序健康发展。

二、发展特点

发展特点主要体现在:公共图书馆服务体系建设取得突破性进展;财政投入持续加大,基础设施建设稳步发展;公共服务理念全面提升,"普遍均等"深入人心;特色服务、品牌建设成为新的亮点;数字图书馆建设取得阶段性成绩;资源共享已成常态,并日益深入六个方面。分述如下:

(一)公共图书馆服务体系建设取得突破性进展

2007年,按照《国家"十一五"时期文化发展规划纲要》提出的县(市)图书馆逐步实行总分馆制的总体要求,各地因地制宜地积极探索构建公共图书馆服务体系的实现方式,涌现出了以"苏州模式"、"嘉兴模式"、"佛山禅城区模式"等为代表的总分馆体制,以及深圳"图书馆之城"、杭州"一证通"、广东"流动图书馆"、东莞"图书馆集群"、天津"图书馆延伸服务"、北京"社区乡镇图书馆建设"等形式多样的中心图书馆延伸服务的创新举措,表现出多层次、多模式、全方位的特点。而各地的实践活动虽然形式各异,但共同的特点是管理主体上移、网点布局下延、资源共享提高、服务规范统一、服务效益改善。人们对总分馆制的理解和认识在实践的基础上有了新的升华,通过总分馆制形成图书馆服务体系的发展方向逐步明确。为此,"中国图书馆学会2007新年峰会"专门研讨了构建公共文化服务体系及总分馆建设的议题。2007年5月,文化部在天津召开"全国公共图书馆延伸服务经验交流会",强调要大力推进总分馆制,要通过建立总分馆制,使图书馆建设布局合理、资源共享、优势互补,逐步形成与城市发展、社会需求相适应的图书馆服务体系。

而“为实现普遍均等、惠及全民的公共文化服务目标,必须充分发挥县级图书馆在社区乡镇图书馆建设中的核心作用,改革县(区)乡镇(社区)图书馆管理体制,重新界定县级图书馆在公共图书馆服务体系中的基本职能”,这在2007年中国图书馆学会召开的“第二届百县馆长论坛”和“第六届中国社区乡镇图书馆发展战略研讨会”上已成为业界人士的共识。

(二)财政投入持续加大,基础设施建设稳步发展

2007年,各级政府继续加大对公共文化服务的投入力度,全国文化事业费用呈现大幅度增长,达到189.96亿元,比1980年增长了30多倍,继续保持高增长。同时,各级财政对农村地区、西部地区,特别是老、少、边、穷地区文化建设的扶持力度不断加大;国家拨付专项资金,逐步实施全国文化信息资源共享工程、送书下乡工程等一批重大的文化项目。

2007年国家图书馆财政拨款额为40 255万元,比2006年增加11 044万元,增幅为37.8%;全国公共图书馆财政拨款355 185万元,比上年增加64 917万元,增幅为22.36%。其中,县级图书馆财政拨款147 944万元,增长31.9%,实现了持续、快速增长。同期,国家对高校图书馆的经费投入也持续保持在一个较高的水准,据“教育部高校图书馆事实数据库”中数据显示:2007年度,521所高校图书馆文献资源购置费总计约为17亿元,馆均约为327万元,最高的是复旦大学图书馆,约为3165万元;其次是北京大学图书馆,约为3134万元。

在此基础上,我国图书馆事业规模不断扩大,基础设施建设稳步发展。昆明、重庆、海南、黑龙江、南京等地新馆先后正式开放。新建图书馆设施完善,服务功能明显提高,为读者提供综合性、全方位、人性化的服务是图书馆发展的趋势。如昆明图书馆增设读者自助服务设施,提供免费网上阅览服务;重庆图书馆打造“星级图书馆”，提供休闲阅读环境；海南图书馆建立读者俱乐部、举办读者联欢会、读者沙龙等活动，营造文化休闲场所。而继网上图书馆、电话服务系统之后，2007年，深圳图书馆短信服务系统投入使用，成为连接图书馆与读者的又一条纽带。在自助服务方面，上海图书馆“自助阅览室”、深圳“城市街区24小时自助图书馆系统”、东莞图书馆“图书馆ATM机”在自助借还、短信通知、定点送书等个性化服务方面上升到一个新台阶。

（三）公共服务理念全面提升，“普遍均等”深入人心

在国家逐年加大对图书馆事业经费投入的同时，“不分年龄、种族、性别、宗教、国籍或社会地位，向所有人免费提供服务”的公共图书馆的核心理念，经过中国图书馆人百年来的不懈追求与努力，终于为社会各界所认同。在“2007中国图书馆学会年会”上，以中国图书馆学会名义起草的《图书馆服务宣言》向全社会郑重承诺：“图书馆以公益性服务为基本原则，以实现和保障公民基本阅读权利为职责，以读者为一切工作的出发点”。“图书馆向所有读者提供平等服务。图书馆，特别是公共图书馆，必须坚持对全社会成员提供一视同仁的服务，保障公民平等享有图书馆服务”。

与此相呼应，全国各地的图书馆工作者也纷纷以自己的实际行动来将这一理念付诸实践。2006年6月1日起，杭州地区10家公共图书馆对读者实行基本服务免费；同年7月深圳图书馆新馆向广大市民开放，并提出“开放、平等、免费”服务理念，开启了公共图书馆免费服务的序幕。而2007年，“免费、平等、无障碍”则更成为各地图书馆追求的目标。2007年7月大连开发区图书馆实行“双免”，即“免证阅览，免费办证”的服务新举措，使开发区市民享受到免费、无障碍的公益服务；2007年12月1日浙江省图书馆免费开放，工本费、年费全免，成为全国首家实现免费开放的省级图书馆；2007年，杭州图书馆盲文分馆在浙江省盲人学校挂牌成立，将图书馆直接设到盲人集中的机构里，中国盲文图书馆开通了它的网上阅览室，盲人读者可凭真实姓名和借书证号注册登录网站，在线阅读。各地新馆建设也充分考虑到弱势群体的信息需求，增加相应的服务设施。如改造后的昆明图书馆增设了许多人性化的公共服务设施，特别是为残疾人提供了更多的方便。首都图书馆与北京市监狱管理局合作，在北京第二监狱举办了“爱心帮教”系列讲座，使监狱服刑人员切实体会到社会的关爱和期望。

（四）特色服务、品牌建设成为新的亮点

2007 年，国家图书馆“走进政府”服务计划先后在中央政策研究室、财政部、民政部等单位予以实施，实现了服务主体向政策制定者直接的过渡和转化；“中南海网站”的全面开通、“点对点视频专线服务”，实现了面向中央和政府最高决策领导层服务高效和快捷的。部级领导干部历史文化讲座、中央国家机关立法与决策服务工作获得了文化部第十四届群星奖服务奖。

2007 年，中国科学院国家科学图书馆组织院内文献信息机构，分别建立研究生服务区（IC），进一步深化研究生文献信息服务。同时，学科馆员深入到中国科学院所有研究所的研究室、课题组和办公室科研一线，宣传推介信息资源、数据库使用技巧、专利知识，加强对新服务（例如科技新闻聚合服务）、新工具（例如 EndNote、E 划通）和新资源的宣传推介。据不完全统计，2007 年学科馆员下所 1819 次，举办培训 1258 场，用户达18 217人次。

2007 年，各级公共图书馆充分利用自身优势和条件，继续探索新的服务模式，创新服务特色。首都图书馆策划创建的“北京记忆”网站（www. bjmem. com）和“首图动漫在线”正式开通，以数字化的形式满足了大众日益增长的文化需求；成都图书馆开通该市第一个非物质文化遗产专题网站“蜀风雅韵”（http://www. cdclib. org/immaterial/），成为成都地区资源最全、信息量最大、专业化程度最高的非物质文化遗产资源中心。

(五)数字图书馆建设取得阶段性成绩

自 1997 年 1 月“中国试验型数字式图书馆”项目被国家计委批准列为国家重点科技项目起,我国数字图书馆建设已经走过了 10 年的历程。从最初的概念引进,展开研究,到进行实际工程建设,数字图书馆在我国从无到有,从理论到实践,实现了跨越式发展,并进而深刻地改变了人们利用图书馆的观念和图书馆服务的手段。国家数字图书馆工程(NDL)、国家科学数字图书馆(CSDL)、国家科技图书文献中心(NSTL)、中国高等教育数字图书馆(CADLIS)、中共中央党校数字图书馆工程、全军院校信息及数字图书馆工程以及“中美百万册数字图书计划”(CADAL)等一批重大数字图书馆项目的实施与陆续完成,为国内行业和地方数字图书馆建设提供了有益的经验与服务模式。

2007 年 11 月,由中国高等教育数字化图书馆、国家数字图书馆、国家科学数字图书馆、国家科技图书文献中心和中国图书馆学会在深圳联合主办了以“中国数字图书馆十年:回顾与展望”为主题的“数字图书馆建设与应用研讨会暨成果展示会”,对 10 年来数字图书馆的理论研究和实际应用进行了全面盘点,对数字图书馆的理念与发展、数字资源的建设与管理、数字图书馆服务、数字图书馆系统等问题进行了深入研讨,并在此基础上,对我国数字图书馆的未来发展做出了理性的分析与前瞻。

(六)资源共享已成常态并日益深入

中国高等教育文献保障系统(CALIS)和中国高校人文社会科学文献中心(CASHL)是中国高校图书馆的资源共享的集中体现,2007 年 CALIS 项目进入调整期,围绕集团采购、联机编目、系统软件开发升级等各方面展开工作,均达到预期目标。而 CASHL 管理中心除了完成资源的科学采购，千方百计宣传资源、拉动需求，采取许多举措对 CASHL 进行品牌营销，截至 2007 年 6 月 1 日，CASHL 高校成员馆突破 200 家，完成文献传递总量近 17 万笔。

国家科技图书文献中心网络服务系统 2007 年的检索量达到 6046 万人次，同比增长 45%，文献检索调看文摘 232 万篇次。全国开通的网络版期刊数据库的全文使用量为 336 万篇次，联合购买的网络版期刊的全文下载量达 1000 多万篇次。全年全文传递服务 84 万篇，其中中心网络服务系统提供近 26 万篇，是 2001 年的 10 倍。

2007 年，作为国家重大文化工程的“全国文化信息资源共享工程”在各级政府的高度重视下继续强力推进。文化系统自建的各级中心和基层服务点已达 1 万多个，合建的基层点已超过 35 万个，多达 65TB 的数字资源通过工程输送到了农村基层，辐射人群上亿。同时，共享工程与基层图书馆建设结合，又为区域性的图书馆服务体系建设奠定了物质基础。

三、问题与展望

就图书馆的本质而言，关乎其生存与发展的根本动源始终是社会需求，围绕社会需求的变化规划发展模式，筹措文献资源、人力资源，丰富服务技能与服务方式，进而提高公众对图书馆的认可度和依存度，是图书馆人励精图治的不二之法。

就目前而言，影响我国图书馆事业建设与发展的两大因素：一个来自政策或精神层面。我国将进入一个文化大发展、大繁荣的新阶段，建设完备的公共文化服务体系，是落实公民各项基本文化权益，培育文化消费、解放文化生产力、推动中华文化走向伟大复兴的根本性举措，而在这中间，公共图书馆服务体系建设占有十分重要的位置。另一个来自技术或物质层面。信息网络技术的飞速发展以及由此带来的社会公众对图书馆需求的变化,决定着图书馆建设、技术取向、服务模式、服务手段等一系列的深刻变化。如前所述,2007年,正是这两大因素的交互影响,促动了我国图书馆事业的健康发展,取得了一系列的成绩。而另一方面,也正是围绕这两大因素,在如何确保我国的图书馆事业可持续发展方面,还存在着一些值得深思的问题:

(一)缺乏协调、科学发展的整体布局——适应社会需求变化,及时调整全国各级各类图书馆的功能定位、职责范围,使其各司其职,各尽所能。

社会需求是影响和决定图书馆生存、发展的核心要素,相应的制度安排则应是用以平衡社会文化需求供求关系的政策保证,而就目前而言,在相当的时间和地方,由于制度安排的滞后,反而会造成供求关系的失衡。突出表现在构建公共图书馆服务体系过程中,条块分割的传统体制与统一管理、统一服务的总分馆制度相矛盾:一方面是各级图书馆都对建分馆投入了极大的热情,而另一方面,图书馆之间行政隶属、人财物等关键问题难以解决。在一定程度上说,体制障碍成为发展的最大障碍。

(二)整体投入的不足与局部方面的浪费——在保证社会公民各项基本文化权益的大前提下,把有限的资金和资源运用到最该使用的地方和方面。

一方面就整体而言,虽然国家各级财政对图书馆的投入在逐年加大,但就部分地区特别是中西部地区而言,经费短缺仍然是制约基层图书馆事业发展的基本瓶颈。而另一方面,在一些地区的新馆建设与资源建设过程中,仍然不同程度地存在着与现实社会需求不相符的状况,投入高而产出低的情况屡有发生。这就造成了一种矛盾的现象:一方面是经费短缺,而另一方面则是经费与资源的浪费。

(三)硬件设施逐渐完善与服务内容相对单一 ——图书馆赖以生存和发展的关键是服务内容的不断丰富和服务手段的不断创新,

一切均应以社会需求为目的。

尤其是面向城市社区和农村乡镇的基层图书馆，在构建公共图书馆服务体系过程中，在硬件设施逐步完善的同时，在服务内容和服务手段方面，还应该深入探寻所在地区社会公众的文化信息需求，在提供报刊文献借阅等传统服务的同时，努力丰富服务内容和服务手段，通过举办各种文化讲座、文化聚会、公共社交活动以及适合公众各种文化需求的信息咨询等公益性服务，激发和引导文化需求，真正成为所在区域文化信息的集散中心。

（四）服务理念全面提升与职业技能相对滞后——在经费投入得到保证、硬件设施逐步完善，惠及全民、普遍均等的公益服务理念得到普遍认同的情况下，从业人员职业素养和服务技能的高低成为制约图书馆可持续发展的重要因素，就目前状况而言，基层图书馆的管理水平和服务技能亟待提高。

实践证明，一个称职的馆长能够盘活一个馆，一个称职的图书馆员能够聚拢一大批用户，这是图书馆的真正生命力所在，反之亦然。中国图书馆学会自 2006 年起，每年组织一次面向基层图书馆馆长的“志愿者行动”，目的就是要唤醒全行业对这一现状予以高度重视，着力提高从业人员的科学文化水平和专业服务技能，最大限度地发挥时代赋予图书馆的各项社会功能。当然，从业人员素质的提高，还需要从制度建设方面着手，比如在行业准入制度上有一个实质性的突破。

参考文献

[1]数据来源:《2007 年全国教育事业发展统计公报》
[2]数据来源:《2007 年我国卫生事业发展统计公报》
[3]数据来源:《2007 年中国工会维护职工权益蓝皮书》
[4]数据来源:《2007 年全国教育事业发展统计报告》

分报告一：国家图书馆

国家图书馆是综合性研究图书馆，是国家总书库，履行搜集、加工、存储、研究、利用和传播知识信息的职责。国家图书馆是国家书目中心，国家古籍保护中心，承担着为中央和国家领导机关、重点科研、教育、生产单位、社会公众服务的任务，代表国家执行有关对外文化协定，开展与国内外图书馆界的交流与合作。

国家图书馆建筑面积 17 万平方米，正式工作人员 1330 人。2007 年接待到馆读者3 264 704人次，文献流通量14 215 122册次，办理读者证卡 10.20 万个，网上读者点击率为11 285.6万人次。此外，还通过讲座、展览等形式服务公众，全年举办各类型讲座 228 场，听众共计 5.62 万人次。截至 2007 年底，馆藏文献总量达 2631 万册(件)。

国家图书馆是我国文化事业的重要组成部分，在促进社会全面进步和人的全面发展中发挥着重要作用。2007 年，国家图书馆在文化部党组的正确领导下，以邓小平理论和"三个代表"重要思想为指导，以科学发展观为统领，以建设现代化、国际化的国家图书馆为目标，全面推进国家图书馆二期工程暨国家数字图书馆建设、业务建设和服务工作。

一、适应形势，着眼未来，为二期新馆开馆和百年馆庆创造条件

面对世界图书馆发展趋势和国家图书馆自身发展需求，2007

年，国家图书馆审时度势，陆续开展并完成了几项关系国图今后发展的重要工作：

一是根据国家图书馆二期开馆的新需求以及国内外图书馆发展的新形势，完成了全馆业务格局调整和业务机构重组，重新规划了国家图书馆一、二期和古籍馆的服务功能。通过科学有序地谋划和调整，形成了适合事业发展需要的新业务格局，进一步明确了国家图书馆的业务发展方向、服务范围和目标，为事业发展提供了科学依据。同时，对行政管理部门做了较大规模的整合，变立体管理为扁平管理，减少了业务审批环节，带动了管理水平的全面提高。

启动了第二轮重点行政岗位公开选拔、竞争上岗工作。共有58人被聘为重点行政岗位干部，其中行政1级岗位人员聘任28人，行政2级岗位人员聘任30人。1人提任为行政1级岗位，16人提任为行政2级岗位，有5人破格提任。大力推进干部的交流，交流比例达到33%。

二是制定了二期新馆开馆工作方案，包括国家数字图书馆的建设进程、目标。在不影响工程整体建设的前提下，尽最大可能调整设计和施工，完善并细化布局，满足业务发展的需要。

三是策划百年馆庆方案，推动馆史编纂工作。百年馆庆是国家图书馆的一次盛典，也是全国图书馆界的一次盛会。通过对国家图书馆百年深厚的历史文化积淀和历史进程的展示，推动中国图书馆事业的发展。2007年着手进行了馆庆筹备工作，馆史资料长编出版稿接近完成，馆史撰写工作正在进行中。

二、潜心静气，扎扎实实地推进三大发展战略并取得实效，影响力不断增强

2004年，国家图书馆从战略发展的高度制定了人才兴馆、科技

强馆、服务立馆三大发展战略，经过三年多的扎实推进，初见成效。

一是“人才兴馆”战略不断推进。人才是保障国家图书馆不断前进的动力所在。自2006年正式启动“创新人才”计划后，2007年引进了两名首席专家和一名数字图书馆总工程师，创新人才梯队初步遴选配备成型；加快毕业生接收步伐，2007年有74名大学应届毕业生充实到所需工作岗位上，职工队伍的学历结构和文化水平明显改善；加大发现、扶植和培养中青年人才的力度，在全馆范围内遴选业务骨干和学术梯队成员，有49人入选业务骨干，74人入选学术梯队；改善培训制度，首次选派10名馆员到美国国会图书馆集中学习数字图书馆技术与管理，取得了很好效果。选拔8名馆员承担国际图联年会同声传译和中文快报翻译工作，锻炼队伍的同时，也展示了中国国家图书馆的国际化形象。而且担任国际图联专业委员会委员达到10名。

二是“科技强馆”战略取得成效。经过持续的努力，该馆科研意识不断增强，科研能力有所提高。2007年，由该馆牵头申报的国家科技支撑计划“数字平面内容支持技术平台”项目得到科技部正式批复立项，课题总经费达1000万元，该课题是国家图书馆近年来获得的第一个国家科技支撑计划课题，促进了国家图书馆业务水平及服务能力的提高，更重要的是反映了国家图书馆的科研实力。首次实施的重大科研项目向社会公开招标工作取得成功，其研究成果将为国家图书馆战略决策发挥参考作用。成功召开了第九届科学讨论会，共有45篇论文获奖。2007年度馆级科研项目共有25项获准立项。

三是“服务立馆”战略成绩突出。不断探索建立适应新时代读者需求，适应图书馆发展潮流的服务体系，满足公众多元文化需求。2007年服务工作有几大亮点：

第一，为中央和国家领导机关提供信息服务的服务能力和水平得到极大提升。“走进政府”服务计划先后在中央政策研究室、财政部、民政部等单位予以实施，实现了服务主体向政策制定者的直接过渡和转化；“中南海网站”的全面开通、“点对点视频专线服务”，实现了面向中央和政府最高决策领导层的高效、快捷服务；部级领导干部历史文化讲座、中央国家机关立法与决策服务工作获得了文化部第十四届群星奖服务奖。

第二，为重点科研生产单位和企业服务有了新发展。以文献信息的支持为保证，与国家高科技企业等重点企业建立了长期合作关系；开辟图书馆集成服务的新途径，直接服务于国家创新体系的主体；召开了全国图书馆企业信息服务年会（参加会议的有国内大型图书馆和包括央企在内的不同类型企业），会中发布了《全国图书馆企业信息服务苏州宣言》，彰显了国图在业界和企业界的核心作用。

第三，发挥国家图书馆龙头作用，做好为业界的服务工作。扩展“国家图书馆西部援助计划”，为西部贫困地区基层图书馆提供支持；为基层图书馆发放“国家图书馆基层图书馆服务卡”，近 8000 个用户受益，并使全国联合编目中心的工作得到了进一步的发展。

第四，数字资源服务力度不断加大。制作了 3000 套约 1000 种中文电子图书发送县级图书馆，服务基层群众；首次推出并试运行“掌上国图”短信服务系统、资源导航系统等，为读者提供新的信息沟通渠道。国家图书馆网上咨询、在线阅读、在线展览、在线讲座也得到读者的积极响应和充分肯定，服务指标呈快速上升趋势。

第五，强化社会教育职能，推广先进文化，提高公众素质。在文津讲坛、文津读书沙龙、中国典籍与文化系列讲座基础上，陆续推出了艺术家、教育家、科学家论坛，形成了国图系列讲座品牌；设立了首个“国家图书馆日”并举行一系列文化活动；评选出“第三届国家图书馆文津图书奖”获奖图书；举办了“大匠天工——清代‘样式雷’建筑图档荣登《世界记忆名录》特展”等大型主题展览，在社会上产生了很大反响。全年共举办讲座 228 场，展览等其他活动 103 场。

另外，经过充分准备，争取财政支持，完成了取消和减免收费、实现公益性服务方案。该方案实施后，将是国图在近几十年来，朝向完全公益性迈出的根本一步，进而带动我国公共文化体系的建设。

三、进一步夯实基础业务，为提高服务质量、发展事业提供保证

基础业务水平直接影响到读者服务质量、服务水平和服务能力。近年来，我馆始终强调固本强基，把夯实业务基础当成首要任务来抓，取得了长足的进步。

一是加强文献资源建设。圆满完成本年度文献的采集、编目加工和典藏阅览服务工作，文献的采集、编目加工数量比2006年均有提升；善本古籍年采访总量超过1.3万种，珍贵古籍品种数量有所增加；文献采访催缴力度进一步加强，新书应入藏缴送率达到了90%；重点开展了普通古籍提善工作；圆满完成外包的外文回溯数据工作；启动了少年儿童出版物书目数据回溯项目。

二是进一步优化网络结构，将总馆到古籍馆从100M升级到了1000M，邮件系统也进行了升级改造；完成了中国下一代互联网主页服务器的建设，使国家图书馆成为第一家应用此项技术的图书馆；确保计算机综合服务系统的稳定和正常运行。

加大馆藏文献的开发力度，促进学术发展和文化繁荣。完成了《古今图书集成》和《赵城金藏》等珍贵馆藏的出版，启动了《国家图书馆藏敦煌遗书》、《国家图书馆中文舆图总目》的编纂出版工作；2005年的博士论文提要已经出版；与河北出版集团达成促进以"开发文献整理和图书出版项目"为主要内容的战略合作协议，原则上达成了出版意向。

四、全力推进二期工程暨国家数字图书馆工程建设，确保工程进度、工期和质量

作为国家重点文化建设项目，国家图书馆十分重视二期工程的建设并稳步推进。2007 年，土建工程进入全面攻坚阶段，进展顺利。在施工过程中，严把工程质量，组建现场技术组多方解决施工难题，确保工程进度。国家数字图书馆工程启动子项目达 53 个，加强了工程项目管理，制订了项目及档案管理等一系列工程管理制度等。同时，稳步推进数字资源建设，2007 年自建数字资源建设涉及 24 个资源品种，新增数据 10 万余册件，购买中文数据库 55 个、外文数据库 72 个。目前，在互联网上发布的电子书共 72 万册件，在局域网上发布的电子书超过百万册件。2007 年还启动了档案数字化工作。

五、积极争取财政支持，拓展资金来源渠道，创造了甩掉创收压力、集中精力抓固本强基的条件

以收支两条线为主的收入分配制度改革，为我馆深化改革、实施体制和服务创新提供了重要支持和保障，也创造了甩掉创收压力、集中精力抓基础业务、抓服务的条件。2007 年，我馆继续加大与财政部沟通的力度，在文化部的大力支持下，取得了财政部的理解和支持，财政投入有了很大增长，2007 年底，中央财政追加专项经费 9300 万元。在国家财政的强有力支持下，我馆做出了减免读者服务收费项目和收支两条线，以及重要业务部门不再进行营利创收的决定，这两项决定，对国家图书馆的发展方向产生了积极的影响。

六、承担的国家重点文化工程和工作进展顺利

作为国家总书库和知识信息中心，国家图书馆努力做好所承担的国家重点文化工程和工作。

中华再造善本一期工程历时5载，于2007年8月全部完成，共出版再造善本787种。完成向百所重点大学图书馆赠书的发运工作，向省级以上公共图书馆发送再造善本331种。同时，协助专家对“中华再造善本二期工程”选目进行较大篇幅的修订和完善，已正式上报文化部。

2007年5月25日，中国国家古籍保护中心正式挂牌，开始承担“中华古籍保护计划”的具体实施工作。2007年开展了古籍普查试点工作，组成了由专家、各馆资深人员参加的15个督导组，足迹遍布全国31个省市自治区，促进了古籍保护工作的开展。初步完成首批珍贵古籍和重点保护单位评审工作。举办了3期古籍普查培训和1期古籍修复培训，共有150名来自全国各系统图书馆的专业人员接受了培训。

加强送书下乡工程事务性工作的指导，严格监督落实选书、仓储、配送、转运、催款等环节的工作。2007年度送书下乡工程已完成专家选书、装帧设计等工作，进入出版印刷阶段。

由国家图书馆承办的“部级领导干部历史文化讲座”共举办16讲，受到部级领导的广泛欢迎和好评，在全国起到了良好的示范作用。

七、积极开展国内外交流，不断拓展国家图书馆与世界图书馆合作的新领域

国家图书馆在国际文化交流方面发挥着独特的作用，影响日益扩大。2007 年，积极参加第 73 届国际图联大会，加强与图联领导层的沟通，通过竞选，在国际图联各委员会中又获得 3 个委员名额；中文作为国际图联的工作语言的地位得到进一步巩固，受到华语图书馆界及国际图联的好评；与澳门合作成立了全球中文文献资源共建共享促进会，并成功筹办了中文文献资源共建共享合作会议理事会第一次会议，为各成员机构间交流搭建了平台；通过“中国之窗”赠书计划，与多家国外图书馆建立了联系，扩大国际影响。全年接待重要访问团及来宾共 91 批 392 人次，国家图书馆因公出境执行公务共计 30 批。

八、加强思想作风建设，不断提高班子的凝聚力、决策力和执行力，党政工团工作立体推进

坚持中心组学习制度，不断加强馆领导班子的理论水平、工作能力、思想作风和制度建设，切实提高班子的整体素质和领导能力，对于国家图书馆改革、稳定、发展，确保工作任务的顺利完成起到了重要的领导和保障作用。

扎实做好基层党建工作，抓好党员干部的理论学习，强调作风建设和工作创新；开展主题明确、方式活泼的党团活动，提高党员干部的理论水平和政策水平。

坚持“党政工团工作立体推进”的工作方针，依靠各级党组织、

工青妇群众团体,共同完成国家图书馆的中心任务。通过举办向张秀民学习活动、青年业务辩论赛、捐助灾区等文化活动,丰富广大员工的精神文化生活,进一步提升国家图书馆精神文明创建水平和员工的文化品位。

馆党委认真学习贯彻中纪委全会和国务院廉政工作会议精神,努力抓好党风廉政建设和反腐败工作的落实和督促检查工作。

九、文化体制改革等其他工作进一步拓展

在深化体制改革方面,经过三年多的努力,企业改革基本完成;积极开展后勤体制改革调研和后勤保障运行经费的测算工作,成立了总务部,并按照新的管理模式运行,加快了后勤改革的步伐。

此外,中国图书馆学会通过举办学会年会、百县馆长论坛、峰会以及开展多种形式的科普与阅读活动,促进图书馆界的学术交流与合作,推动各级各类图书馆和谐发展。

二期新馆开馆将是2008年各项工作的重点,国家图书馆将以二期新馆开馆为主线,继续落实“人才兴馆、科技强馆、服务立馆”三大发展战略,进一步深化改革,坚定信心,激发潜能,以更扎实的工作、更精细的服务,推动事业的发展,迎接更加辉煌的明天。

分报告二：公共图书馆

2007 年，我国图书馆事业继续向着普及化、深入化方向发展，公共图书馆作为图书馆体系中的重要组成部分也取得了重要成绩，以下将从基本统计数据、发展特点、发展障碍和发展趋势方面进行总结。

一、2007 年基本统计数据

（一）机构和从业人员数量

截至 2007 年底，全国县级以上公共图书馆共有 2798 个，比 2006 年增加 21 个。其中，县级图书馆 2414 个，独立建制的少年儿童图书馆 84 个。2007 年全国公共图书馆从业人员50 190名，比 2006 年增加 179 人。

（二）文献藏量

2007 年全国公共图书馆文献总藏量49 422万册（件），其中书刊436 943万册。本年新购藏量 2290 万册，比上年增长 15.9%。县级图书馆文献总藏量21 200万册（件），其中图书20 288万册，比上年增加 1256 万册。县级图书馆本年新购藏量 1045.1 万册（件），比上年增加 136 万册（件）。

（三）文献流通与读者活动

2007年全国公共图书馆总流通人次为25 777万人次，比上年增加951万人次。县级图书馆流通人次为14 806万人次，比上年增加1089万人次。2007年全国公共图书馆书刊外借册次19 897万册次，其中县级图书馆外借册次12 137万册次。

2007年公共图书馆共举办读者活动84 049次，参加人次2650万人次。县级图书馆举办读者活动55 842次，参加人次1206万人次。

2007年公共图书馆发放借书证1263万个，比上年增加114万个。县级图书馆发放借书证663万个，比上年增加88万个。

（四）经费收支

2007年公共图书馆财政拨款355 185万元，比上年增加64 917万元，增幅为22.4%。县级图书馆财政拨款147 944万元，增长31.9%，平均每馆财政补助61.3万元。2007年公共图书馆总支出394 440万元，比上年增长25.6%。县级图书馆总支出163 761万元，比上年增长31%，平均每馆总支出67.8万元。

2007年新增藏量购置费73 716万元，其中图书购置费64 492万元，比2006年增长21.5%。县级图书馆新增藏量购置费21 705万元，增长20.9%，其中图书购置费19 747万元，增长24.1%。

（五）建筑设备

2007年全国公共图书馆房屋建筑面积725万平方米，比2006年增加22.5万平方米。县级图书馆建筑面积402万平方米，比2006年增加12万平方米，平均每馆建筑面积1665平方米。

2007年全国公共图书馆阅览坐席52.4万个，比2006年增加2.4万个，其中少儿阅览坐席14.3万个。县级阅览坐席35万个，其中少儿阅览坐席10.8万个。2007年全国公共图书馆电子阅览室终端数44 607个，县级图书馆电子阅览室终端数29 171个。

注：以上所列全国公共图书馆统计数据不包括国家图书馆在内，数据取自《中国文化文物统计年鉴 2008》。

二、公共图书馆 2007 年发展特点

2007 年，我国公共图书馆事业呈现出欣欣向荣的发展趋势，硬件设施条件不断改善，馆员队伍素质不断提高，服务能力明显增强。在公共图书馆服务体系建设、公共图书馆服务水平、古籍保护、共享工程以及立法工作等方面均取得了可喜成绩。

（一）公共图书馆服务体系建设取得突破

近几年来，构建覆盖全社会的公共文化服务体系成为党中央和各级政府的重点工作目标。2007 年 6 月，中共中央政治局召开会议，专门研究加强公共文化服务体系建设，明确提出了覆盖全社会的公共文化服务体系的基本框架，提出了构建公共文化服务体系的根本目的在于实现和保障公众的基本文化权利，满足公众的基本文化需求。作为重要的公共文化服务机构，公共图书馆按照公共文化服务体系构建的总体战略，积极探索服务体系的实现形式，在组织结构、服务模式、技术手段等方面有了新的突破。

2007 年，我国公共图书馆服务体系建设表现出“多层次、多模式、全方位的特点，建设工作主要从基层图书馆建设、总分馆建设和区域性服务网络建设等层面展开”。各地在构建公共图书馆服务体系中针对现有体制和技术制约进行创新，出现了多元化的模式，如广东的“流动图书馆”、“上海的中心图书馆”、深圳“图书馆之城”、佛山“联合图书馆”、东莞“图书馆集群”、杭州“一证通”、天津的社区分馆与行业分馆、江苏的多元化模式等。总分馆制仍是推进服务

网络的重要方式,2007 年的"新年峰会"上专门研讨了构建公共文化服务体系及总分馆建设的议题。5 月 16 日,文化部副部长周和平在全国公共图书馆延伸服务经验交流会上强调,大力推进总分馆制,要通过建立总分馆制,使图书馆建设布局合理、资源共享、优势互补,逐步形成与城市发展、社会需求相适应的图书馆服务体系。为推动图书馆服务网络建设,文化部于 2007 年下半年开始"图书馆之城"的评定工作。

构建覆盖全社会的图书馆服务体系,重点和难点都在基层图书馆建设。2007 年,中国图书馆学会召开"第六届中国社区乡镇图书馆发展战略研讨会"和"百县馆长论坛",对乡镇社区图书馆发展问题进行了研讨,呼吁各级政府进一步加大对基层图书馆特别是中西部基层图书馆的投入,对我国基层图书馆的建设与发展产生了积极的推动作用。2007 年,各地在基层图书馆服务体系建设实践中积极探索,采取多种形式加强基层图书馆建设,努力促进城乡公共文化服务体系的均衡化发展,如成都开展的"农村流动图书网络"建设,杭州启动的"农村书屋"计划。而近几年开展的"文化信息资源共享工程"、"送书下乡工程"、"农家书屋"工程有力推动了乡村图书馆的建设,成为建设覆盖全社会的图书馆服务体系的强大动力。

(二)基础设施和服务功能进一步完善

2007 年,公共图书馆事业规模不断扩大,基础设施条件日益改善。各地纷纷建新馆、开分馆,昆明、重庆、海南、黑龙江、南京等地新馆先后正式开放。改建后的图书馆在增强服务功能、改善服务设施方面有较大提升。如昆明图书馆增设读者自助服务设施,提供免费网上阅览服务;重庆图书馆打造"星级图书馆",提供休闲阅读环境;海南图书馆建立读者俱乐部、举办读者联欢会、读者沙龙等活动,营造文化休闲场所。为读者提供综合性、全方位、人性化的服务是图书馆发展的趋势。在服务形式上,继网上图书馆、电话服务系统之后,2007 年,深圳图书馆短信服务系统投入使用,成为连接图书馆与读者的又一条纽带。在自助服务方面,上海图书馆"自助阅览室"、深圳"城市街区 24 小时自助图书馆系统"、东莞图书馆"图书馆 ATM 机"在自助借还、短信通知、定点送书等个性化服务方面上升一个新台阶。

近几年,公共图书馆坚持"以人为本"的人文精神和"图书馆面前人人平等"的服务理念,尊重和保障读者获取信息、知识,捍卫读者平等利用公共图书馆的权利。免费服务逐渐成为新趋势,2006 年 6 月 1 日起,杭州地区 10 家公共图书馆对读者实行基本服务免费;同年 7 月深圳图书馆新馆向广大市民开放,并提出"开放、平等、免费"服务理念,开启了公共图书馆免费服务的序幕。2007 年,公共图书馆在服务模式上有了更加可喜的表现,"免费、平等、无障碍"成为各地图书馆追求的目标。2007 年 7 月大连开发区图书馆实行"双免",即"免证阅览,免费办证"的服务新举措,使开发区市民享受到免费、无障碍的公益服务;2007 年 12 月 1 日浙江省图书馆免费开放,工本费、年费全免,成为全国首家实现免费开放的省级图书馆。免费服务、全民共享成为公共图书馆的发展目标。

普遍均等的服务理念要求平等对待一切读者,包括弱势群体,保障读者获取信息的权利。近几年,我国公共图书馆界开展了一系列为弱势群体人性化服务的实践活动,通过对残障人群、老年人、儿童以及外地务工人群等开展特殊服务,使公共财富惠及百姓,维护社会公平和正义,提供全方位的信息无障碍通道。2007 年,杭州图书馆盲文分馆在浙江省盲人学校挂牌成立,将图书馆直接设到盲人集中的机构里;中国盲文图书馆开通了它的网上阅览室,盲人读者可凭真实姓名和借书证号注册登录网站,在线阅读。各地新馆建设也充分考虑到弱势群体的信息需求,增加相应的服务设施。如改造后的昆明图书馆增设了许多人性化的公共服务设施,特别是为残疾人提供了更多的方便。首图与北京市监狱管理局合作,在北京第二监狱举办了“爱心帮教”系列讲座，使他们切实体会到了社会的关爱和期望。

（三）文化信息服务品牌建设推陈出新

公共图书馆作为公益性文化组织，其目标是传播文化知识，开展社会教育，提供多方面文化信息服务。近几年，各地公共图书馆通过组织文化展览，举办知识讲座等丰富多彩的服务活动，延伸服务内容，创新服务方式，满足公民多样化的文化需求。讲座工作近几年在图书馆得到飞速发展。2007 年，首都图书馆的“奥运大讲堂”、镇江市图书馆的“文心讲堂”、泰州市图书馆的“凤城讲坛”、山东省图书馆的“大众讲坛”等讲座贴近百姓生活，成为各地的知名服务品牌。在讲座、展览资源共享方面，北京市公共图书馆系统内已经建立起了一个讲座资源共建、共有、共享的良好机制；上海图书馆利用馆藏资源，与数十家兄弟省市图书馆共享，合作举办了“上图展览”巡展活动，进行跨地域交流。

各级图书馆充分利用自身优势和条件，继续探索新的服务模式，创新服务特色。2007 年，首都图书馆策划创建的“北京记忆”网站（www. bjmem. com）和“首图动漫在线”正式开通，以数字化的形式满足了大众日益增长的文化需求；成都图书馆开通该市第一个非物质文化遗产专题网站“蜀风雅韵”（http://www. cdclib. org/immaterial/），成为成都地区资源最全、信息量最大、专业化程度最高的非物质文化遗产资源中心。

为贯彻落实全国“知识工程”领导小组办公室《关于开展全国 2007 年度图书馆服务宣传周活动的通知》要求，各地图书馆通过开展各类读书活动，充分发挥各级公共图书馆的社会教育功能，扩展服务范围，提升服务水平。如上海图书馆服务宣传周通过捐赠图书、大型诗歌朗诵会、专题书目推荐、系列讲座、专题展览、读书征文与演讲等活动载体，安排了形式多样的活动项目，取得了很好的社会效益;长春图书馆在宣传周期间以“延伸服务、深化服务,提高社会效益”为主题,举办了分馆建设、参考咨询服务推介、专题文献展阅等活动,为广大市民创造了良好的阅读环境,深化了图书馆的服务领域,提高了社会效益。

(四)全国文化信息资源共享工程继续推进

2007 年,“全国文化信息资源共享工程”在中央及各级政府的高度重视和大力支持下继续强力推进。截至 2007 年底,文化系统自建以及与农村党员干部现代远程教育工程、农村中小学现代远程教育工程合建的基层点已超过 40 万个,数字资源加工达到 65TB,辐射人群上亿。“十一五”期间,国家进一步加大了对工程的投入力度,中央财政安排专项资金近 25 亿元,主要用于中西部地区县级支中心、村级基层点和数字资源建设。

2003 年 6 月启动以来,经过试点与扩大试点两个阶段的建设,文化共享工程乡村基层服务点的共建共享取得明显进展,据不完全统计,截至 2007 年底,覆盖率已超过全国现有约 65 万个乡村的 35%。2007 年 6 月,中央决定在全国农村地区全面展开建设,到 2010 年要基本覆盖所有乡村。各地在实施文化共享工程中,因地制宜,采取有效措施,创造了基层服务网络建设的新模式。如河南省、山西省的 IPTV 模式;上海市与本地信息化相结合推广文化共享工程的模式;山东、湖南基于互联网分布式视频点播以及杭州市数字电视模式;嘉兴市 VPN 技术和总分馆制模式;青岛市共享工程与农村党员干部现代远程教育、数字电视、数字图书馆、政府政务网和基层文化设施建设相结合的“五连线”服务模式;四川省共享工程与数字图书馆建设相结合的模式等。为了有效利用资源,各地积极推进与相关部门的共建共享。2007 年,北京市文化局与北京歌华有线电视网络合作进行共享工程乡村基层服务点建设;江西省文化厅与中共电信集团江西省电信有限公司签署合作协议。山西、福建等地也在积极与本地电信企业进行合作，借助对方的网络系统和基层点在农村开展文化共享工程服务。与此同时，上海、河北、浙江、广东等省、市文化厅主管部门也先后与当地有关部门开展合作，共建共享乡村基层服务点。

数字资源建设是共享工程的核心，各分级中心围绕地方特色资源建设共享工程资源库，如长春市分中心建立的“伪满遗址资源库”，广西分中心建设的“广西舞台艺术”、“广西旅游”等地方性数字资源库，南宁市分中心建设的“南宁国际民歌艺术节专题数据库”，湖北省分中心“荆风楚俗专题资源库”。浙江在全省范围内开展浙江地方戏曲的征集，到2007年10月，已征集到各类戏曲174部，经过加工纳入到共享工程库，并结合本地资源开发了“风景浙江”、“越剧资料库”等数据库。

全国文化共享工程以图书馆为依托，工程的实施促进基层图书馆特别是中西部基层图书馆的发展，提升其装备水平与服务手段，并通过与基层图书馆建设的结合为区域性的图书馆服务体系建设奠定了基础。

（五）古籍保护工作开始启动

古籍是记载一个国家文明的重要标志，同时也是传承文明的一种重要形式，加强古籍保护工作是实现中华民族文化复兴的一项重要的基础性工作。为了更好地保护我国典藏古籍，国务院办公厅于2007年1月24日印发了《关于进一步加强古籍保护工作的意见》，要求突出重点、科学规范地开展古籍保护工作。2007年5月，中国国家古籍保护中心成立，普查工作全面展开。各省市也纷纷成立古籍保护中心或协调机构，积极开展古籍保护工作。公共图书馆在古籍保护工作中发挥着重要作用，据统计，全国公共图书馆共收藏古籍2750万册。2007年8月3日，全国古籍保护试点工作会议上确立57家首批“全国古籍重点保护单位”，其中公共图书馆32家，占全部单位的56.14%,继共享工程后,古籍保护又成为一项与公共图书馆密切相关的国家重点文化工程。

文件下发后,各地图书馆古籍保护试点单位纷纷采取措施,积极探索改善古籍保护的途径与方法。在古籍的保存方式上,由青岛市图书馆创建的“青岛寄存模式”,在不改变产权隶属关系的前提下,使分散的古籍得到集中有效保护,受到文化部“全国古籍保护试点工作督导组”专家的广泛关注与推广。为了加强古籍修复人才的培养,各保护单位积极参加全国古籍修复技术培训班,取得了很好的效果。

古籍资源数字化是古籍保护的重要措施,各试点单位在古籍普查工作的同时积极进行古籍目录编制以及数据库建设工作,开展较好的如上海图书馆,从1996年起陆续开展了一批古籍的数字化项目,迄今已初步完成“馆藏古籍书目数据库”、“馆藏家谱书目数据库”、“馆藏善本古籍全文影像光盘数据库”、“馆藏善本古籍全文影像网络数据库”和“馆藏家谱全文影像网络数据库”。继续在建的“馆藏善本稿抄本数字化项目”和“盛宣怀档案数字化项目”也取得了阶段性成果。其中“馆藏家谱全文影像网络数据库”成为中国古籍数字化进程中大型全文数据库开发应用成功的典型案例,至2007年9月,可供利用的家谱数字化资源已达5000余种。

此外,由文化部、财政部共同主持的《中华再造善本》是我国规模最大的保护和利用古籍的文化工程,这一始于2002年的国家重点项目于2007年6月结束一期工程,目前已出版758种、8990册唐宋金元时期珍稀古籍善本,另有明清时期善本20余种。重庆市、青海省、海南省、江苏省等32家省级图书馆均已获赠部分图书。再造善本进入各省级图书馆,进一步丰富了国内地方公共图书馆馆藏,提高了文献服务能力。

（六）公共图书馆法治建设取得阶段性成果

构建公共图书馆服务体系，必须加快图书馆的立法工作。目前，虽然《中华人民共和国图书馆法》还未颁布，但是一些地方性图书馆立法工作已经启动，如北京、上海、湖北、深圳等地相继颁布了地方性图书馆法规，在公共图书馆的投入和基础设施规划、缩小地区间差距、保护弱势群体实现文化权利等方面为公共图书馆建设提供了保障。而《图书馆法》也被列为“十一五”期间立法项目，文化部正在积极协调有关部门加快推进立法进程。

2007年11月，经过两年多的调研与努力，由中国图书馆学会承担编制的《公共图书馆建设标准》和由中国城市规划设计研究院承担编制工作的《公共图书馆建设用地指标》最终形成了报批稿，由文化部报国家发改委、建设部、国土资源部审批。《公共图书馆建设标准》确立了以服务人口为基本依据决定公共图书馆建设规模的原则，明确了公共图书馆的功能用房类别和面积比例。《公共图书馆建设用地指标》提出了以服务人口为基本依据、着眼于形成服务网络的公共图书馆设置原则，引入了“服务半径”的概念，确立了公共图书馆的布局原则。这两个以“标准”形式出现的政府规范性文件，是政府为图书馆事业发展营造法律政策保障环境的具体举措，是近年来我国图书馆法治建设的标志性成果，将会对未来我国公共图书馆的建设、服务和发展产生重要影响。同时，广州市公共图书馆的立法工作已经启动。2007年4月，《广州图书馆条例》被列入市人大立法预备项目。其中规定，广州市各级人民政府应将公共图书馆的经费列入本级财政年度预算，并随着国民经济的发展逐步增加投入。

此外，在公共图书馆信息服务保障方面，《中华人民共和国政府公开条例》于2007年4月公布，明确将各级公共图书馆列为法定的政府信息查阅场所，并规定各级政府应为公共图书馆开展政府信息服务配备相应的设施设备，并及时向公共图书馆提供主动公开的政府信息。条例的实施为公共图书馆提供政府信息服务提供了法律保障。

三、公共图书馆发展障碍分析

2007 年我国公共图书馆在服务体系建设、延伸服务、免费服务、文化信息资源共享工程等方面都取得了突破性进展，成果引人注目。但是，在公共图书馆事业快速发展的同时，仍然存在一些亟待解决的发展障碍。

（一）现有公共图书馆体制影响总分馆制的顺利实施

公共图书馆的总分馆制度，是我国公共图书馆服务体系构建中的一个积极尝试。总分馆制度以图书馆服务的高效规范性、信息资源共享的高利用率，成为国际图书馆事业发展的主要模式。在我国，经过近几年的探索和发展，“苏州模式”、“嘉兴模式”、“佛山禅城模式”等图书馆的总分馆制度的实践成果，得到业界的普遍关注。但是，与上述几个地区相比，我国很多地区的公共图书馆还达不到实现总分馆制的客观条件，图书馆之间行政隶属、人财物等问题还没有解决。条块分割的传统体制与统一管理、统一服务的总分馆制度存在矛盾。

2007 年 4 月形成的《嘉兴共识》第 4 条明确指出：“总分馆制建设的最大障碍是体制障碍。具体说，是总分馆制内在规律要求的人、财、物相对统一与现行行政‘分级管理’、财政‘分灶吃饭’体制的矛盾。总分馆制需要解决‘合适的区域单元’和‘合适的管理层级’问题。各级政府在构建总分馆形式的公共图书馆服务体系时，对此应有清醒的认识、科学的决策、恰当的解决办法”。由此可见，要建设财权物完全统一的、真正意义上的总分馆制度，应该加大对现有图书馆体制的改革。

（二）经费投入与公众文化素质制约基层图书馆的发展

在我国，公共图书馆服务网络分为省、市、区（县）、乡镇等不同级别。随着公共图书馆建设的逐步完善，整个公共图书馆服务网络体系也开始逐渐向区县、乡镇、街道等基层图书馆蔓延。但纵观大多数基层图书馆，现状仍然令人担忧。2007 年 10 月举行的“百县馆长论坛”则呼吁各级政府进一步加大对基层图书馆特别是中西部基层图书馆的投入。

基层图书馆发展缓慢，整体而言主要受当地经费投入水平的制约。2007 年全国地方财政支出总额为36 283.63亿元，而用于文化教育与传媒项目的金额为 771.43 亿元，占全部支出总额的 2%。从这个数据中，不难发现图书馆事业经费的比例在财政支出中依然偏低。基层图书馆处于整个图书馆服务网络的底端，从事业发展的经费分配比例来看，毋庸置疑，基层图书馆的经费是落后于省、市级公共图书馆的经费投入的。据统计，目前中国县级图书馆的总数量占到全国各级各类图书馆总量的 83%，而县级图书馆每年的购书费只占到全国各类图书馆购书费的 15%。另外，中西部不发达地区的县级图书馆，在经费上更难以得到保证。比如：甘肃省 80% 的县级财政对图书馆的拨款仅限于人员工资，有 42 个县级馆没有购书经费。此类现象在经济贫困地区普遍存在。

基层图书馆发展还受公众文化素质的影响。如果图书馆周围的公众文化素质低，自身缺乏信息意识、信息需求，则这种现象会直接造成图书馆读者流失，影响图书馆事业的发展。而公众的文化信息素质往往和当地的经济发展水平成正比。公众只有解决了温饱问题，才会追求更高层次的精神文化生活。许多贫困地区，正是由于当地居民文化素质问题，严重限制了基层图书馆的健康、有序的发展。

（三）公共图书馆服务内容滞后于新农村建设要求

中共中央、国务院在《关于推进社会主义新农村建设的若干意见》中强调，要加快发展农村社会事业，培养推进社会主义新农村建设的新型农民，需要繁荣农村文化事业，加强县文化馆、图书馆和乡镇文化站、村文化室等公共文化设施建设，构建农村公共文化服务体系。随着我国农业经济的发展，农村读者的文化观念、知识结构、信息需求都发生了显著变化。但是，农村文化设施简陋、经费匮乏、管理凌乱，这种现状在促进新农村文化建设发展方面缺乏动力。作为公共图书馆延伸服务的一个重要领域，图书馆工作者应该结合现实，考虑如何创新服务内容和服务手段，为新农村建设提供针对性强、成果显著的文献信息服务。

目前，我国公共图书馆服务在以下几方面是滞后于新农村建设要求的：首先，公共图书馆缺少对农民用户特别是贫困地区农民实施知识援助的政策倾斜，也没有相应的制度保障；其次，在图书馆作用及服务内容的宣传上缺乏力度和广度，使得农民用户对图书馆了解不深入；第三，公共图书馆免费服务的意识还没有深入人心，妨碍了农民用户的文化消费；第四，缺少对农民用户教育和培训，涉及科技兴农、富农的内容更少。农民用户需要的高科技农业、高附加值农产品、出口创汇农业的生产技术和经营管理知识难以得到满足。

（四）我国古籍保护工作形势严峻

古籍是中华民族的智慧结晶，是中华文明的历史见证。古籍保护是公共图书馆保留人类文化遗产功能的重要体现。2007 年初，国务院办公厅下发《关于进一步加强古籍保护工作的意见》，开始启动“中华古籍保护计划”。但是，目前，我国的古籍保护工作形势相当严峻。

古籍损坏加剧，老化与酸化最为普遍，近几十年来纸张的酸化程度是过去几百年的总和。古籍保存环境亟须改善，多数古籍书库的温度湿度不稳定；防紫外线与防空气污染环节薄弱；为数不少的古籍书库甚至连最基本的保护设施都欠缺，书库管理也不规范。古籍整理和修复人才极度匮乏，目前，全国从事古籍修复人员不超过100人，面对超过1000万册件等待修复的古籍，修复工作人员的培养问题迫在眉睫。此外，修复手段和保护技术落后，古籍保护工作资金投入以及缺乏规范化和制度化管理等问题，都制约了我国古籍保护的良性循环。

四、发展趋势

2007年，我国公共图书馆事业取得了长足的发展，尽管这个过程中遇到了一些发展障碍，但在公共图书馆界的开拓创新与不懈努力中，我国的公共图书馆事业会得到蓬勃发展。

毋庸置疑，在今后的这段时间里，公共图书馆的内部事业和外部环境都将发生一些重要变化。例如：公共图书馆法治建设方面，《公共图书馆建设标准》和《公共图书馆建设用地指标》将成为我国首次编制主要服务于政府决策的公益性文化设施建设的规范性文件；公共图书馆服务体系的构建与完善方面，将涌现出更多有特色并能够充分适应区域图书馆发展的模式与架构；服务内容和手段的创新方面，为更好地满足各个层面读者的信息需求，主动型、定制型的服务手段将得到更积极的民众响应，与其相适应的形式多样、丰富多彩的服务内容的整合与拓展，则能够更好地实现深化服务和提升公共图书馆价值体现的目标。除以上各方面的发展态势之外，公共图书馆的事业发展还有一些重要的论题值得我们重视。

(一)免费服务得到大力的推广

联合国教科文组织早在 1949 年版的《公共图书馆宣言》中就规定:公共图书馆"应不分年龄、种族、性别、宗教、国籍或社会地位,向所有人免费提供服务"。我国公共图书馆的免费服务从经济较为发达的地区开始迅速发展。

免费服务作为公共图书馆提供服务的原则,应当也必然会成为未来我国公共图书馆事业发展关注的方面。除了免费展览、讲座等传统免费服务,在免费办证等基本信息服务提供的层面,全国范围内公共图书馆的免费服务无疑将得到大力的推广。

(二)重点关注基层图书馆建设

《"十一五"时期文化发展规划纲领》和"十七大报告"中指出,基层图书馆建设是保障公民基本文化权益、满足人民群众基本文化需求的根本条件,是完善公共图书馆服务体系中的工作重点。在未来也势必成为公共图书馆未来事业发展最引人注目的看点之一。

2007 年,基层图书馆建设进展显著,图书馆界众多专家和学者纷纷提出建言。通过归纳总结,除了国家政策的导向和一些保障机制(如经费保障、地方性图书馆管理条例、对于基层图书馆建设管理标准等)的制定与实施,还有民间力量的介入等因素,基层图书馆事业未来发展将主要由以下几个方面来加强和促进:

创新及深化总分馆制模式。近年来在部分经济发达地区涌现出的一些公共图书馆集群化管理的创新模式,取得了很好的效果。这种"共同体"具有资源共建共享、联系紧密、服务较规范等特点,能较好地解决当前基层图书馆发展中存在的主要问题。因而,因地制宜地建设和完善总分馆制管理模式,将有效提高基层图书馆的可持续发展能力,延伸公共图书馆在基层的服务范围以及服务能力。

区域服务网络建设体系的优化。在隶属于不同建设主体和主管部门的图书馆之间，根据本地区及公共图书馆发展情况，所设计出来的资源共享模式，将会更适应区域范围内基层图书馆的发展目标。而在此基础上，通过行业协调，基层图书馆服务内容、手段的创新能力，也将受到更深刻的影响。

全国文化信息共享工程资源体系建设的快速推进。随着县级支中心的建立，基层文化信息服务点覆盖率也将会有较大幅度的提高。在为延伸服务提供有效的技术服务平台的同时，各级公共图书馆也将继续大力推进数字资源整合，届时面向基层、面向广大群众的公共文化服务状况势必得到更大的改善。

（三）公共图书馆建设的可持续发展

可持续发展的论题，不仅仅是近年来国家政策的热点话题，也是我国公共图书馆事业发展一直以来追求的目标。公共图书馆在建设过程中，会投入很多的人力、物力、财力，因此，公共图书馆的发展战略必须具备可持续发展性。

对于公共图书馆可持续发展能力评价模型的研究表明，“影响我国各地区公共图书馆可持续发展能力的因素主要集中在经费投入、文献资源增长、信息化水平、每百万人拥有机构个数、人力资源状况等方面”。这就意味着，在以上因素中受到制约的地区，可持续发展的思路更需要在推动公共图书馆发展政策改善的情况下，从本地区发展的特点入手，制定更合理的战略对策。

为了促进更大范围内的公共图书馆建设的可持续发展，业界可以对于公共图书馆评估标准的修订进行研究。在图书馆事业逐步走向成熟的情况下，以前单一地对于某级馆自身业务的评估已不能有效地反映该馆事业发展的全部情况，今后的评估标准将可能引入该馆对于区域服务网络建设、带动基层图书馆建设等方面贡献值的指标。

（四）利用营销理念实现高效管理

随着时代的变迁，传统的图书馆管理观念已渐渐落伍。近年来，国内外学界议论较多的热门话题——图书馆的营销管理模式，将有利于公共图书馆转变观念，加强人才队伍的建设，并推动管理模式的创新。因此，公共图书馆必须充分利用这种观念来实现高效管理和核心价值。

公共图书馆需要重新明确自己的定位，并深入研究用户及其信息需求。加强与外界的沟通与联系，宣传自己的产品与服务，塑造自己的形象，营造自己的品牌，加强自己的公共关系管理。把对文献资料管理的中心转移到加强信息资源管理和信息资源开发利用上来。同时，从对物（文献资料、馆舍、设备等）的管理转向加强人（馆员的聪明才智、创造力）的管理上来，相信随着这种理念的深入及其效果的凸显，营销理念的应用会扩大到更广的范围。实现高效管理后的公共图书馆才能体现出其作为“人民的大学”的价值。

（参加本报告撰写的人员有：陈坚、张娟、陈人语、王宁、宋艳萍）

分报告三：高校图书馆

2007年，教育部对北京大学、清华大学等一批进入“985计划”的国内一流高校进行了本科教学工作水平评估，这标志着5年一轮的首轮评估进入高潮阶段。评估把高校图书馆建设作为一个监测点，引起了各个高校对图书馆建设的高度重视，纷纷加大投入，使高校图书馆在馆舍建设、设备升级、文献采购诸方面得到了很大改善，有力地推动了高校图书馆的发展。教育部还通过加强对中国高等教育文献保障体系（CALIS）和中国高校人文社会科学文献中心（CASHL）的扶持，特别是通过对CASHL的投入、管理、指导，积极推动高校图书馆之间以及高校图书馆与其他类型图书馆的协作和资源共享，推动高校图书馆为高校的教学科研、为哲学社会科学的繁荣、为国家的科技创新创造更大的效益。

作为高校图书馆专家组织的教育部高等学校图书情报工作指导委员会和作为高校数字图书馆联盟的CALIS，积极主动地发挥行业协调作用，引领、团结高校图书馆在集团采购、资源共享、理念传播、人员交流、数字图书馆建设等方面开展了众多协作活动，共同推动事业繁荣。

纵观2007年的高校图书馆事业，可以说外有动力、内有活力，发展势头良好，主要表现为：办馆条件持续改善；资源共享走向深入；行业活动求真务实；未来规划方向明确。

一、办馆条件持续改善

高校图书馆稳定发展的重要条件之一是经费的持续投入。“教育部高校图书馆事实数据库”中各馆自报的数据表明，2007 年度，521 所高校图书馆文献资源购置费总计约为 17 亿元，馆均约为 327 万元，略低于 2006 年的均值 388 万元。最高的是复旦大学图书馆，约为 3165 万元；其次是北京大学图书馆，约为 3134 万元；最低的是福州英华职业学院图书馆，为 4200 元。480 所高校图书馆的电子资源采购费总额总计约为 3.9 亿元，馆均约为 82 万元，最高的是北京大学图书馆，约为 835 万元；其次是上海交通大学图书馆，约为 829 万元。528 所高校图书馆的纸质文献采购费总计约为 13.5 亿元，馆均约为 257 万元，略低于 2006 年的均值 288 万元。最高的是复旦大学图书馆，约为 2565 万元；其次是北京大学图书馆，约为 2226 万元。这些数据表明，国家 2007 年对高校图书馆的投入，基本和 2006 年持平，略低于 2006 年，平均各个馆用于采购电子资源的经费，约是用于采购纸质资源的经费的三分之一。

高校图书馆稳定发展的重要条件之二是独立馆舍的建设。“教育部高校图书馆事实数据库”中各馆自报的数据表明，2007 年度，531 所高校图书馆的现有建筑面积总计约为 891 万平方米，馆均约为 1.68 万平方米。2007 年，高校图书馆建设新馆的浪潮似有所回落，2006 年，共有 300 所高校图书馆上报了在建新馆的建筑面积，而 2007 年只有 24 所高校图书馆上报了在建新馆的建筑面积，总计约为 97 万平方米，馆均约为 2 万平方米，大于 2006 年的馆均约 5999 平方米。2007 年，共有 95 座建筑获得中国建筑工程质量最高奖——鲁班奖，其中有 6 座是图书馆，除南京图书馆新馆外，其余 5 座均为高校图书馆，多于 2006 年的 3 座高校图书馆。它们分别是锦州医学院图书馆、苏州大学新校区炳麟图书馆、中国海洋大学崂山校区图书馆、泉州师院图书馆、景德镇陶瓷学院新校区图书馆。由高校图书馆新馆频频获得鲁班奖，可见各高等学校非常重视图书馆的建设，不仅设计面积较大，而且建筑质量上乘，为图书馆的可持续发展创造了很好的条件。

高校图书馆稳定发展的重要条件之三是职工队伍的建设。“教育部高校图书馆事实数据库”中各馆自报的数据表明，2007 年度，532 所高校图书馆的正式职工总人数约为 2.55 万人，平均每个馆的职工约为 48 人。102 所高校图书馆拥有获得博士学位的职工，共 166 人，馆均 1.6 人，最多的是清华大学图书馆，有 9 名博士，其次是复旦大学图书馆，有 7 名博士。393 所高校图书馆拥有获得硕士学位的职工，共 2424 人，馆均 6.17 人，武汉大学图书馆、北京大学图书馆、清华大学图书馆、复旦大学图书馆分别以拥有 58、50、48、47 名硕士职工，在排行榜中居前 4 位。这些数据表明，高校图书馆的职工队伍建设正在向知识化、专业化、高学历化方向快速发展。

二、资源共享走向深入

中国高等教育文献保障系统（CALIS）和中国高校人文社会科学文献中心（CASHL）是中国高校图书馆资源共享水平的集中体现，它们的年度进展基本上反映了当前高校图书馆资源共享活动的广度、深度、规模、质量。下面分述 2007 年 CALIS 和 CASHL 的发展状况。

（一）CALIS 的发展状况

2007 年，中国高等教育文献保障系统（CALIS）项目进入调整期，精心为 CALIS 三期的启动作各项准备，主要围绕以下 5 个方面展开工作，均达到预期目标。

1. 引进资源的集团采购改革初见成效

CALIS 管理中心对以往的集团采购工作进行了反思和改革，制定了《CALIS 引进资源集团采购管理办法》和《CALIS 引进资源工作规范》，对引进资源的集团采购工作进行调整，主要是理顺参与各方的法律关系，规范采购流程。改革后的集团采购程序是：CALIS 接受图书馆委托，代表其进行谈判，并及时通报达成的集团采购方案。各图书馆自愿参加集团采购，自主决定是否接受集团采购方案，接受方案的图书馆自行与数据库商签订采购合同。CALIS 和图书馆之间通过《CALIS 集团采购委托协议》明确上述委托关系。从 2007 年 2 月开始，只有签署了委托协议书的图书馆才有资格参加 CALIS 组织的集团采购活动。到 2007 年底，共有 170 多所学校和图书馆签署了委托协议。

CALIS 管理中心规定，每个数据库集团采购工作结束后一个月内，牵头的图书馆须向 CALIS 管理中心申请办理集团采购工作备案手续。CALIS 管理中心每季度汇总一次集团采购工作情况，提交教育部高教司备案。为了帮助数据库商了解 CALIS 集团采购改革的情况，争取数据库商的支持，CALIS 管理中心召开了两次"CALIS 集团采购数据库商座谈会"，向数据库商就相关问题作了解释和说明。

本着协同配合，加强合作的精神，CALIS 管理中心和国家科技图书文献中心(NSTL)签署了《关于 2007—2008 年联合采购 ACS 全文期刊数据库的协议》和《关于 2007—2008 年联合采购 AIP/APS 全文期刊数据库的协议》。通过这次合作，CALIS 为 128 个馆次的成员馆共争取到补贴经费 300 多万元，得到成员馆的赞许。

2. 联机编目的资源建设、业务规范又上新台阶

联机编目是 CALIS 的重要子系统和核心服务项目之一。2007 年联机编目中心的主要任务一是继续对相关业务进行规范，组织专家撰写的《CALIS 联机编目手册例解：西文部分》，已进入广泛征求意见和联系出版阶段。

2007 年 CALIS 的联合目录书目数据总量达到 214 万条，增量为 20 万条。联机编目中心的另一主要任务是对此海量数据进行整理和清理，共合并、删除、修改书目记录23 794条，完成西文 LC 分类与中图法分类转换21 430条。

截至 2007 年底，联机编目系统共有成员馆 634 家，含高校图书馆 603 家，公共图书馆 5 家，商业用户 26 家，年度新增用户 42 家。2007 年成员馆联机下载数据 650 万条左右。

3. 完成系统软件的开发升级、技术测试和技术支持工作

2007 年 CALIS 新开发了四种软件：CALIS 个性化门户系统（第一阶段）、CASHL 中心服务网站（新版）、CALIS SOA 基础平台（EJB3.0 + JSF + OSGi）、Equinox 的扩展和整合（支持 OSGI R4）。

完善和升级了 20 种软件，包括联机编目系统、西文期刊目次系统、馆际互借系统、门户构建系统、统一认证系统、ProQuest 学位论文订购系统等。完成了对统一认证、统一计费、参考咨询、日志统计、新版门户组件、服务接口 6 类标准规范的完善和增补工作。完成了对统一检索系统知识库、资源调度知识库的升级和配置工作。完成了特色库中心系统数据的重新收割、中国学位论文平台（中信所）的数据格式转换、学位论文中心系统（清华）的数据导出、CASHL 数据的转换。完善了 8 个数字图书馆项目的实施，它们是北京大学数字图书馆、武汉理工大学数字图书馆、四川大学数字图书馆、西南交大数字图书馆、郑州大学数字图书馆、延边大学数字图书馆、中国公安大学数字图书馆门户、南京航空航天大学 JALIS 学位论文中心系统。完成了 CALIS 各类软件的测试、导航库中心和本地系统等软件的测试和技术支持。

4. 表彰为 CALIS 项目建设作出突出贡献的单位和个人

圆满完成“十五”建设任务后，为鼓励先进，CALIS 管理中心决定设“十五 CALIS 项目建设突出贡献奖”，对为项目建设作出突出贡献的单位和个人进行表彰。该奖包括六个单项奖，分别是：全国和

地区中心建设奖、省中心建设奖、项目组织奖、文献传递服务奖、引进资源建设奖和特别贡献奖。

根据“十五”建设期间的任务完成情况、子项目验收时的专家组意见、对 CALIS 项目的配合和支持程度，CALIS 管理中心共对 29 个单位、91 位个人进行了表彰。

5. 西文期刊目次系统(CCC)系统功能全面提升

CCC 新版本在 2007 年 5 月中旬正式发布，系统功能全面提升。CCC 系统收录 3 万多种西文期刊的篇名目次数据，其中有 2.2 万种现刊的篇名目次每星期更新一次。系统标注了 CALIS 高校图书馆的纸本馆藏和电子资源馆藏，把各馆收藏的纸本期刊和购买的全文数据库中的电子期刊与篇名目次有机地集成到一起。系统还与 CALIS 馆际互借系统相链接，读者可以把在本地查到篇名，但得不到全文的论文的信息直接发送到文献传递系统，请求获取全文。该系统还能够为成员馆提供多种使用查询统计报告、成员馆馆藏导航数据下载、成员馆电子资源维护等服务。截至 2007 年 12 月底，CCC 的成员馆已达到 507 家。

(二) CASHL 的发展状况

CASHL 是教育部支持建设的国家级人文社会科学信息资源平台，但是因为起步晚，知名度小，影响力弱，尚未引起广大人文社科研究者的充分重视，如何让投入尽快转换为教学科研效益，这是教育部要求 CASHL 管理中心尽快解决的问题。因而在 2007 年，CASHL 管理中心除了完成资源的科学采购，千方百计宣传资源、拉动需求，采取了许多举措对 CASHL 进行品牌营销。

1. 开展资源利用优惠活动，以唤醒潜在用户的需求，培育更多的活跃用户

优惠活动既有借庆祝 CASHL 三周年和教师节而开展的面向全国的优惠周活动。也有分别面向西部、东北、华中、华南、华东等大

区的优惠活动。还采取制造“幸运者”的办法，对第20万个文献传递申请者进行奖励。

全国性的优惠活动有：2007年3月12日—3月19日，推出2007年度第一次全国优惠活动——“CASHL三周年庆典暨年度特惠周”。期间新注册用户822个，提交文献传递请求21 885份。中国人民大学、南京航空航天大学、北京航空航天大学、西南师范大学、中南财经政法大学提交请求数量分别为2142、1889、1849、1687、1426份，合计占总请求量的42%。中心馆中，北京师范大学图书馆和厦门大学图书馆的文献传递满足率分居冠、亚军。各学科中心的文献传递平均满足率高达88.2%。

9月10日—17日，CASHL推出2007年度第二次全国优惠活动——“教师节服务周”。在此期间申请传递CASHL文献，给予100%补贴。新注册用户808个，提交文献传递请求25 520份，再次刷新了CASHL提供服务以来的历史新高。平均满足率达92.3%。

区域性的优惠活动有：从2006年11月1日至2007年4月15日，连续开展西部文献保障工程优惠活动，覆盖的省份包括四川、云南、贵州、西藏。发展了西南地区18家成员馆，接到文献传递申请8376笔，在一定程度上满足了西部读者的文献需求，弥补了当地馆藏的不足。

4月10日—30日，推出面向东北地区的优惠活动，实行2元/篇的文献传递优惠价格。期间有17家图书馆新加入CASHL，使东北高校成员馆增加至33家。新注册用户数149个，请求数为609份，占优惠活动期间全国请求量的66%。

11月12日—12月2日，华北区域优惠活动举行，实行1元/篇的优惠价格。新增成员馆12家，发出文献申请9231笔，平均满足率为87.1%。

5月8日—31日，华中区域优惠活动举行。新增成员馆6家，发出文献申请533笔。截至2007年5月底，华中地区共发展

CASHL 成员馆 30 家,提交文献申请总计17 860笔。

6 月 8 日—30 日,由中山大学组织,所有中心馆共同提供服务的华南地区优惠活动举行,23 家高校从此次优惠活动中受益。

11 月 29 日零点,据 CASHL 馆际互借事务信息管理系统的统计显示,CASHL 文献申请量突破 20 万笔。山西大学外国语学院的尹元幸运地成为第 20 万笔申请提出人。截至 2007 年 12 月 3 日,CASHL 的总申请量已经达到202 895笔。

12 月 3 日—12 月 31 日,CASHL 推出面向华东南(福建、浙江、上海)和华东北(安徽、山东、江苏)地区的优惠活动,活动期间申请 CASHL 文献实行 1 元/篇的优惠价格。

2. 推动"文献传递服务宣传推广工作会议"在全国各地依次召开

旨在通过对 CASHL 的资源、使命和优越性的培训,提高全国参与 CASHL 平台服务的图书馆员的服务热情、服务责任感、服务能力和服务质量,并吸引越来越多的图书馆加入 CASHL。

2007 年 3 月 29—30 日,由 CASHL 东北区域中心——吉林大学图书馆主持召开了"东北地区 CASHL 文献传递服务宣传推广工作会议"。东北地区的 37 家图书馆的主管馆长和馆际互借负责人共 65 人与会。

5 月 11 日,由武汉大学主持召开了"CASHL 华中区域中心文献传递服务工作会议"。来自湖北、湖南、河南、江西四省 42 家高校图书馆的主管馆长和馆际互借工作人员共 81 人与会。武汉大学图书馆燕今伟馆长提出的"五个到位"成为对 CASHL 工作的经典总结:一是认识到位;二是宣传到位;三是服务到位;四是评价到位;五是补贴政策到位。

7 月 19 日,CASHL 管理中心与 CALIS 管理中心联合,在云南昆明召开了"第二届高校馆际互借协调组扩大会议暨 CASHL 中心馆文献传递服务工作交流会议"。会议总结了上一年度文献传递工作，提出了下一年度发展规划，并就高校馆际互借工作中相关问题进行了讨论，包括系统问题、升级需求服务评估、业务规范、费用结算、宣传推广与培训等。代表们在许多操作层面的重大问题上达成了一致意见。

9月28日，CASHL西南区域中心——四川大学图书馆在成都组织召开了“CALIS西南地区中心馆际互借与文献传递研讨会暨CASHL西南区域中心工作会议”。西南地区44所高校图书馆的主管馆长及相关工作人员共计88人参加会议。

10月23日，“CASHL走入西南”之贵州行由CASHL西南区域中心——四川大学图书馆组织，在贵州师范大学召开了“CASHL贵州省高校宣传推广培训使用”会议。来自贵阳、遵义、安顺、凯里、毕节、六盘水、黔南、黔西南等20家高校图书馆的主管馆长和馆际互借工作人员共44人参加了会议，多家高校图书馆新加入CASHL。

11月13日，受管理中心委托，由CASHL学科中心——北京师范大学图书馆组织，在北京召开了“CASHL华北地区文献传递服务宣传推广工作会议”。中国社会科学院图书馆和华北五省市40多所高校图书馆的90余位代表参加了会议。

2007年11月23日，“CASHL华东南地区文献传递服务宣传推广会”在CASHL全国中心之一的复旦大学图书馆举行，来自CASHL管理中心、福建、浙江、上海地区38家高校及公共图书馆的领导及工作人员80余人出席会议。10家高校图书馆、2家公共图书馆领取了CASHL文献传递协议，表达了加入CASHL的愿望。

11月30日，由CASHL华东北区域中心——南京大学图书馆组织的“CASHL华东北区域文献传递服务宣传推广工作会议”在该馆举行。来自安徽、山东、江苏的77个单位的150余位代表参会，除了高校图书馆外，南京图书馆、金陵图书馆、江苏省社科院图书馆等非高校图书馆的代表也参加了会议。这是2007年CASHL区域宣传推广会议中参会图书馆和代表人数最多的一次会议。馆长们纷纷表示回去后立即加入 CASHL,并制订相关的宣传推广计划,使本单位的读者能够充分利用 CASHL 的优质资源与便捷的服务。

3. 加强管理中心的自身建设

通过主页改版、资源采购、工作评估、专家组会议等方式,提高服务水平、落实奖励制度、明确发展方向。

3 月 1 日起,CASHL 利用 2006 年经费采购的电子资源(ECCO,EBBO,PAO,以及 JSTOR 数据库)正式开通使用。参加采购的 CASHL 中心馆包括:北京大学、复旦大学、武汉大学、吉林大学、中山大学、南京大学、四川大学、北师大、东北师大、华东师大、兰州大学、南开大学、山东大学、清华大学、厦门大学、浙江大学、中国人民大学。

3 月 21 日,CASHL 管理中心完成了对 7 个中心馆的评估,北京大学图书馆、复旦大学图书馆、武汉大学图书馆评估等级为优质服务;南京大学图书馆、四川大学图书馆评估等级为较优质服务;吉林大学图书馆、中山大学图书馆评估等级为良好服务。按照 2006 年 1 月 12 日在成都召开的 CASHL 中心馆工作会议上通过的文献传递补贴经费拨付方案,经过适当调整,拨付了 2005 年度文献传递经费 50 万元。并同时下拨了硬件设备费。

在教育部的正确领导下,在 CASHL 各中心馆的不懈努力和全国图书馆的大力支持下,CASHL 的服务能力得到不断提升,影响力逐步扩大。截至 2007 年 6 月 1 日,CASHL 高校成员馆突破 200 家,完成文献传递总量近 17 万笔。

6 月份,经过调研,管理中心提出新的 CASHL 主页设计方案,已提交 CALIS 管理中心开发设计。并配合新主页,开展了 CASHL 中文名称征集活动,其中“开世览文”与“E 网文津”得票最多。通过各中心馆的参与,扩大了 CASHL 的影响。管理中心修订了“‘中国高校人文社会科学文献中心’经费管理办法”,提出了新的完善 CASHL 管理体系方案并上报社科司。

7月30日，“CASHL专家组第四次工作会议”在吉林延边大学召开。本次会议获得了社科司的高度重视，袁振国副司长、何健处长都到会，并邀请到了北京大学张国有副校长、武汉大学黄进副校长、南京大学校长助理周宪教授参会。本次会议主要讨论并通过了CASHL管理中心提出的未来发展规划，认为CASHL应定位为“国家级人文社会科学信息资源平台”；在资源建设上要本着“藏用并举”的方针，在服务上要进一步加大投入，缩短服务周期，提高满足率，建立相应的评估指标。会议在很多决策层面的重大问题上达成了一致意见，并通过了对文科专款图书进行集中编目、对纸本期刊目次进行分散加工等方案。

11月23日，CASHL新版主页开发完成，进入各项功能的全面测试阶段。

12月份，开始对文科专款图书进行集中编目。完成了2007年CASHL期刊费的结算工作和2004年CASHL期刊订购费的清算工作。

表1　2007年CASHL成员馆提交请求数量排行榜(前20名)

成员馆名称	注册用户数	发出请求数量	完成事务总费用(元)
郑州大学图书馆	263	8242	50 953.2
中国人民大学图书馆	517	7601	41 966.96
南京航空航天大学图书馆	60	3883	27 078
西南师大图书馆	60	3506	24 913.5
中南财经政法大学图书馆	137	2871	28 086.4
四川大学图书馆	136	2614	17 750.8
北京航空航天大学图书馆	4	2384	15 701.2
天津师范大学图书馆	21	2265	6566.65
山西大学图书馆	64	1922	6593.8

续表

成员馆名称	注册用户数	发出请求数量	完成事务总费用(元)
杭州师范大学图书馆	165	1898	5352.7
北京大学图书馆	263	1296	9369.4
福州大学图书馆	51	1245	9983.65
复旦大学图书馆	65	1154	8942.8
南京理工大学图书馆	19	1136	7672.5
武汉大学图书馆	156	1126	9976.4
河北师范大学图书馆	0	1114	8112.8
天津大学图书馆	18	1096	8215.9
清华大学图书馆	100	1079	4543.3
云南师范大学图书馆	101	924	5664
吉林大学图书馆	66	843	5738.1

三、行业活动求真务实

教育部高校图工委和中国图书馆学会高校图书馆分会是当今高校图书馆界的两大协调组织,前者带有官方性质,后者带有民间性质,两个组织的秘书处均挂靠北京大学图书馆,在人员的组成上有很大程度的交叉。近几年高校图书馆界的一些协调活动,都是根据其性质和内容,由这两个组织分别发起或联合发起的。2007 年,高校图书馆由这两个组织牵头发起或参与的活动可谓丰富多彩,成效也很明显。

4 月 5 日,中国图书馆学会高校图书馆分会应北京地区高校图书馆的呼吁，召集专家在北京大学图书馆召开“图书馆磁条与防盗系统研讨会”，就图书馆门禁系统和防盗设备的选型问题展开介绍、咨询、研讨，北京地区拟建新馆的十余家图书馆的馆长参加了会议。

4 月 10 日，教育部高校图工委秘书处和 CALIS 管理中心组织全国各地对数字资源计量有研究专长的 14 名专家，在北京大学图书馆召开会议，对《高等学校图书馆数字资源计量指南》(2004 年)进行修订，形成并发布《高等学校图书馆数字资源计量指南》(2007 年)。该指南的出台基于两大背景，一是教育部开展的本科教学水平评估，把图书馆的办馆水平作为一个监测点，并且把衡量办馆水平的一个重要指标设定为生均藏书量。最初在定义图书馆藏书时，并没有把电子图书计算在内，从而收到众多高校图书馆的异议，认为这个规定脱离实际情况。教育部收到反馈意见后，迅速做出反应，认可将电子图书计算在内，但是因为电子图书的类型、载体、质量千差万别，没有统一的计量规范作指导，势必造成统计结果没有可比性，于是要求高校图工委召集相关专家，制定电子图书的计量指南。二是高校图书馆秘书处建有“高校图书馆事实数据库”网站，通过网络自报的形式，自 1999 年以来，一直在做高校图书馆事实数据的填报和统计工作。但是由于电子图书和期刊的情况纷繁复杂，比如有的集成在大型数据库里，有的是单独发行的光盘，有的是随书发行的光盘，有的是精心选购的，有的是批量赠送的，等等。该怎么填报，一直没有权威的说法，导致基于不同理解的填报结果没有可比性。要做好这项例行工作，为中国高校图书馆事业积累可信可比的数据，也迫切需要由图工委出面制定统一的电子资源计量指南。2004 年的计量指南具有试行性质，经过三年使用，各地反馈了不少意见，数字资源在规模、类型、结构上也发生了一些新变化。2007 年的修订工作主要是对 2004 版中不明确的地方进行重新定义，对统计项目删繁就简，致力于探讨如何将电子图书和期刊这两种文献类型从各种数据库中分析出来进行计量，而将学位论文、标准等其他文献类型统统归入其他类,不作详细统计。这样就大大提高了数据填报、统计的可行性,提高了填报结果的可比性。

4月25日—28日,教育部高校图工委、中国图书馆学会高校图书馆分会、CALIS、在浙江大学共同举办"大学图书馆馆长论坛暨文献资源发展战略研讨会",来自全国高校的160余名代表出席会议。会议的主角是教育部高校图工委由戴龙基馆长牵头的文献资源建设工作组的成员,他们此前关于文献资源发展政策指南的编制工作和相关研究曾经在图工委的年度工作会议上介绍过,此次是从学术探讨的角度向业内作广泛宣传。

5月,教育部高校图工委、中国图书馆学会高校图书馆分会、中国图书馆学会建筑与设备专业委员会和同济大学图书馆联合举办的"图书馆建筑学术研讨会",作为同济大学百年校庆的活动之一在上海召开,来自内地及港澳台图书馆界和建筑界的120余名代表与会。会议的主题是图书馆建筑与空间设计,研讨的分主题包括:图书馆建筑有关理论与技术、图书馆建设标准和规划、图书馆功能布局及设施、图书馆空间规划与人性化服务和图书馆信息共享空间的规划等。会议共收到参会论文60余篇,参加会议交流的论文有14篇。会后编辑出版的《2007海峡两岸图书馆建筑学术研讨会论文选编》,收入论文55篇。会上,代表们除了听取台湾大学、首都师范大学图书馆的新馆建设经验,还实地参观同济大学嘉定校区图书馆、上海视觉艺术学院图书馆等,增加感性认识。

6月,教育部高校图工委、中国图书馆学会高校图书馆分会和中国图书馆学会图书馆建筑与设备专业委员会联合主办"2007图书馆家具设备新产品展示会",为图书馆和家具设备厂商搭建起了一个集中交流的桥梁,会上图书馆方代表从各个侧面谈了图书馆的需求,图书馆自动化系统、无线视频系统、监测设备系统、建筑智能系统、扫描设备。数字电视设备的供应商代表谈了所提供产品和服务的优势,其他各类新型的办公自动化设备和家具也在会上作了展示。会议达到了让图书馆了解产品性能、扩大选购范围、开拓采购渠道的目的，也为厂商提供了做广告的机会甚至销售机会，是一次双赢的合作。

8月6日，为庆祝甘肃定西师专新馆启用，教育部高校图工委借图书馆界专家齐聚兰州参加中国图书馆学会年会的机会，组织部分专家在定西召开"关于西部地方高校图书馆特色馆藏建设研讨会"，为西部地区高校的文献资源建设出谋划策。

8月7日至8日，教育部高等学校图书情报工作指导委员会二届四次会议在青海西宁召开，图工委委员、各省图工委秘书长、特邀代表共69人参加会议。各工作组总结上一年度的工作，并为下一年的工作出谋划策。

10月29日至11月1日，由教育部高等学校图书情报工作指导委员会主办、湖北省高校图工委协办，武汉大学东湖分校图书馆牵头组织的"全国独立学院、民办高校图书馆馆长研讨会"在武汉召开。独立学院和民办高校是在我国高等教育从精英教育到大众教育转化的过程中迅速发展起来的一类高等院校，因为进行的是跨越式发展，图书馆的各方面建设急需交流和指导，这次会议就是对这两类图书馆的交流与合作提供平台，并由国内一流高校图书馆的专家对其进行理念宣讲、业务指导。

11月14日至17日，教育部高图工委的期刊专业委员会主办的全国高校图书馆第十一次期刊工作学术研讨会在浙江大学召开，来自全国近70所高校的120余位代表参加会议。会议主要讨论了学术期刊的合理布局、数字资源建设和纸本资源建设的协调发展、开放存取期刊的评鉴和利用、核心期刊的遴选、期刊的管理与服务方式的变革、期刊委员会的历史回顾、数字环境下图书馆期刊工作走向等问题。

11月26日至27日，教育部高校图工委作为主办单位之一的"2007数字图书馆建设与应用学术研讨会暨成果展示会"在深圳大学城图书馆召开。从事数字图书馆建设的国内外图书馆工作者,多个学科参与数字图书馆建设的专家,与数字图书馆建设相关的企业和机构代表,以及新闻界的朋友们,约 300 人出席了本次会议。《大学图书馆学报》为会议支持媒体之一,编辑出版了会议论文集《中国数字图书馆十年:回顾与展望》。

12 月,与北京地区图工委、BALIS 培训中心启动、北京师范大学共同举办"BALIS 培训中心启动暨文献资源建设研讨会",会上邀请业内专家对文献资源建设的各个方面做学术报告,对北京地区的 160 余名代表进行了培训。

以上活动的共同特点是避开务虚,力求务实,除了纪念性会议,基本上做到了每场活动、每个会议都能针对图书馆发展中遇到的某个实际问题,提供咨询或推荐可资借鉴的比较成功的解决方案。活动的内容涉及广泛,包括家具与设备的选型和采购、新馆建设、馆藏发展政策的制定、期刊管理、资源统计等,这些都是高校图书馆在大发展的机遇下迫切需要解决的问题,既是难点也是热点。这些活动的举办,给同类问题的集中交流创造了平台,大大提高了各馆解决问题的效率,降低了解决问题的成本。

在整个系统务实气氛的感染下,各馆也秉承务实作风,千方百计开展业务创新、服务创新活动,推出了许多新举措。如北京大学图书馆为了改变国内图书馆对西文珍贵书籍不够重视的局面,新组建了"特藏部",主要收集和展示西文善本,同时把北大文库、季羡林专藏文库、侯仁之专藏文库和历史上近代藏书家捐献给北大图书馆的藏书,都从流通部调出集中陈列,发挥专藏的聚合作用和对学生的校史教育和文化素质教育。为了建设信息空间,淘汰掉没落的录像放映和磁带翻录工作,北京大学图书馆还新成立了"多媒体资源部"。中山大学图书馆也成立了邹鲁文库、陈寅恪文库,还加强与日本岩波书店合作,吸引到岩波书店的大量赠书。厦门大学图书馆在充分调研的基础上,大幅度提高读者的一次借阅量,本科生一次可借45本，研究生和教师一次可借50本，创国内图书馆一次借阅量的最高纪录。海南大学图书馆在全国率先采用ISO9000质量管理体系。上海大学、复旦大学建成信息空间雏形。清华大学图书馆、厦门大学图书馆、上海交通大学图书馆、重庆大学图书馆推进图书馆2.0建设。浙江万里学院图书馆自行开发出动态文献补失系统，解决死书、乱架书、丢失书难以发现的问题。泰山医学院图书馆利用阅读疗法和同伴帮助疗法治疗大学生的"网瘾"症，取得成效。河南科技大学图书馆等一批图书馆成功申请到硕士点资格。香港大学图书馆在内地举办领导艺术研习班。北京工业大学推出文献课网络教程。浙江大学、重庆大学推出手机短信通知服务，等等。可以说，2007年，高校图书馆在服务、管理、科研、教学等方面的创新层出不穷，各个图书馆通过互相影响、互相学习，又把各种创新为我所用，明显地提高了高校图书馆的整体服务质量，提高了读者满意度。在批判意识盛行的高等学府，图书馆多是师生给予最高评价的服务单位，这是高校图书馆紧跟时代，注重应用信息技术改善服务，具有创新精神和人本意识，能够根据读者需求，适时推出新的服务项目，并满腔热情地改进服务态度，所赢得的最大奖赏。

四、未来规划方向明确

高校图书馆工作的总结和规划主要通过一年一度召开的教育部高校图工委年会进行，2007年8月7日至8日在青海西宁召开的年会上，图工委各工作组通报了情况，据此，2007年度中国高校图书馆工作的亮点可以概括为以下几点：

第一，CALIS和CASHL建设稳步推进。两个项目的具体进展前面已有介绍。总的情况是，CALIS经过"九五"、"十五"的两期建设，效益明显，已经成为"211工程"的公共服务项目中的亮点，受到广大用户的认可和教育部的肯定，在全球性的数字化浪潮中，产生了一定的国际影响。目前其主要任务是推广服务，优化功能，做好准备，为进入三期建设创造条件。CASHL 是教育部决心打造的国家级人文社会科学文献资源平台，是国家为繁荣哲学社会科学而采取的重要举措，发展势头良好，是高校图书馆实现文献资源共享的又一重要平台。

第二，发布《高校图书馆文献采访政策编制指南》。高校图书馆关于文献资源发展政策的研究有领先于其他类型图书馆的传统，上个世纪 80 年代以肖自立为首的图工委专家团队就曾以这方面的研究享誉图书馆界。2007 年，文献资源工作组积数年之力编制的《高校图书馆文献采访政策编制指南》成功结项，在图工委年会上审议通过，正式在图工委网站上发布，成为图工委推出的一个重要工作规范，复兴了高校图书馆在文献资源建设研究方面的传统。中国图书馆学界在教科书上、专著上呼吁多年的文献资源发展政策终于有了编制的原则、依据和模板，必将催生出图书馆界编制藏书发展政策的一个高潮，这是文献资源建设学术史和发展史上的一件大事。各高校图书馆普遍认为它针对性强，出台及时，体现了图工委的指导作用。为了保持文献资源工作组在研究方面已经养成的良好惯性、合作精神和领先地位，该组在 2007 年 10 月还借助高校图工委网站创办中国第一份以文献资源建设为专题的免费网络杂志《文献资源建设》，致力于国外文献资源建设方面最新理念的译介。

第三，发布《高等学校图书馆数字资源计量指南》(2007 年)。该指南的价值除了辅助统计，还蕴含着两层信息。首先，指南对各种电子资源当中书、刊的统计规则的制定，是图书馆专家对不同电子资源的态度、倾向的集中而简约的体现，该指南对于数字内容供应商也有启发作用。其次，该指南是图书馆和教育部本科教学质量评估之间发生联系的纽带，它的制定，是图工委作为高校图书馆和教育行政管理部门之间的桥梁，在发挥其沟通作用的体现。

第四，制定"中国高校信息素质能力指标体系"。中国高校图书馆有开展信息素质教育的优良传统，自1986年以来，国家教育主管机关多次发布文件，要求各高校面向全体学生开设以文献检索课为主体的信息素质教育。世纪之交互联网广泛应用以后，信息源由印刷书刊迅速扩展到数字资源，信息的存取、检索方式发生了巨大变化，信息素质教育既面对巨大的发展空间，也面临诸多问题。2007年，信息素质教育方面一个值得期待的成果是清华大学牵头编制的"中国高校信息素质能力指标体系"基本完成。这项研究发现，我国高校图书馆和美国高校图书馆的差距主要体现在信息素质教育方面，如清华大学图书馆信息素质教育的覆盖人次就不及美国高校图书馆统计资料中的中值。"中国高校信息素质能力指标体系"参考了欧美和澳大利亚的相关文献，对提高高校图书馆的信息素质教育能力无疑具有推动作用。

第五，开展"全国部分高职高专图书馆基本情况调查"。金陵科技学院图书馆馆长、教育部高校图工委委员刘阿多牵头这项工作。据对江苏、湖南、河北、河南、四川、山东等六个省市的198所高职高专院校进行调查，具有独立馆舍的有28所，建筑面积在10 000平方米以上的有33所，最大的是江苏常州服装职业技术学院图书馆，达29 605平方米，最小的是河北青年管理干部学院图书馆，只有500平方米。面积在5000平方米以下的有70所，在5000—10 000平方米之间的有95所。有121所准备兴建新馆，拟建面积基本上都在10 000—20 000平方米之间。提供了年度经费情况的185所图书馆中，经费达100万及100万以上的有24所，100万元以下至50万元的有74所，50万元以下的有87所。经费最多的是湖南财经高等专科学校图书馆，达250万元，经费最少的是衡水职业技术学院图书馆，为5万元。198所高职高专图书馆，在编人员共4554人，其中有男性1002人，占22%；女性3552人，占78%；其中有博、硕士学历的182人，占4%；有本科学历的2322人，占51%，有专科学历的1321

人,占 29%,有专科以下学历的 729 人,占 16%。有 48 所图书馆的在编人员不足 10 人,长沙电力职业技术学院图书馆在编人员仅有 5 人。调查结果表明,高职高专图书馆的发展很不平衡,特别是在建筑面积、购书经费、藏书数量、数字化建设等方面悬殊极大,在业务建设、人才培养等方面迫切需要及时的指导。

关于下一年度高校图书馆应该合力解决的问题,教育部高校图工委年会在充分讨论的基础上,提出以下愿景:

第一, CALIS 项目应巩固已有建设成果,完善 CALIS 三期建设方案,为三期建设做好准备工作。积极宣传推广 CALIS 的建设思路、争取成员馆的支持。探索新的数字图书馆服务模式,争取在三期建设中实现更大发展。建立统一的软件开发框架,规范代码的编写和复用,建立软件源程序版本管理,提高软件开发、管理和维护的效率。加强对成员馆和项目管理人员的培训,提高参加 CALIS 项目建设的人员技术水平和管理水平。形成规范的数据管理方案,包括期刊数据的加工和管理、目次数据的加工和管理、同一类型数据库数据更新的同步解决方案等。CASHL 应在宣传推广的策略和创意上进一步下足功夫,尽快缩短其"品牌成长期",早日使其成为中国的人文社会科学工作者人人知道、人人会用、人人爱用、人人依赖的学术信息源。

第二,《高校图书馆文献采访政策编制指南》出台后,研制组的任务应由研究迅速转为落实,应在倡导特色资源建设,建设人文学科外文图书保障体系,构建网上文献采访业务交流平台,编译国外文献资源建设动态,开展采访人员业务培训等方面加大工作力度。各高校图书馆要充分宣传这一行业指导规范,从根本上改变资源建设就是采访的老观念。不单文献采访需要规范,读者服务、自动化等各方面都要规范,图工委应该充分利用研发《高校图书馆文献采访政策编制指南》的经验,陆续出台针对图书馆各类基础业务的政策指南。

第三，教育部、财政部继在2006年遴选出第一批28所示范性高职院校后，又在2007年遴选出第二批42所示范性高职院校，充分反映了国家对高职院校的重视和加大投入的决心，高职院校图书馆进入跨越式发展期。教育部高校图工委有责任通过进一步的调研，更全面地了解高职高专图书馆的现状，举办各种培训班，提高高职高专图书馆职工的业务素质，建设高职高专图书馆的交流机制和合作平台，促进其在协调、互助中共同发展。

第四，面对国外出版物和数据库的大幅度涨价，资源建设形势严峻，图工委和CALIS应采取措施，普及用文献传递替代高价采购的理念，引导各高校图书馆加强成本效益评估，勿再重复购买数据库。新形势下资源建设的挑战主要表现为和出版商博弈，需要集思广益，寻求共赢之道。

第五，加强图工委的研究、指导作用。图工委的各个专业组的工作活跃度不平衡，弱的应该加强。应该增设高级专家委员会，发挥老专家的作用；应该继续加强对评估的研究，解决诸如以册数为指导还是以钱数为指导等导向问题。希望图工委编制高校图书馆馆长手册和举办新馆长培训班，在岗位考核和定编定岗机制上制定指导性文件。图工委具有代表高校图书馆解答政策性咨询的责任，今后在专业职务聘任、职业资格认证、高校图书馆向社会开放等焦点问题上，应代表高校图书馆发表正确言论。

第六，各高校图书馆应进一步加强交流，重视解决处于转型期的高校图书馆工作经常遇到新问题、新挑战。比如：新的资源建设方针；资源的长期保存和永久使用；机构知识库；采购招标；编目业务外包；人力资源发展；机构重组；新的服务措施和服务手段；信息共享空间；WEB 2.0 技术应用；高校图书馆自身的信息化建设和规范化管理，包括办公自动化，信息交流系统，知识管理系统；地方图工委参与或组织本地区资源共建共享；高校图书馆向社会开放；电子资源集团采购等。

分报告四：专业图书馆

专业图书馆是我国图书馆行业中复杂、多样化的体系，包括了科学研究图书馆系统、农业图书馆系统、化工文献信息系统、社会科学院图书馆系统等。各个专业系统中的中心图书馆或文献信息机构，在各自领域发挥了文献信息服务的主体作用，形成了相关领域信息服务的枢纽，直接支持了本专业领域的学术研究、技术创新、管理决策等。1998年成立的国家科技图书文献中心(NSTL)是我国专业图书馆和文献信息机构的主要代表，成员单位包括中国科学院文献情报中心、工程技术图书馆(中国科学技术信息研究所、机械工业信息研究院、冶金工业信息标准研究院、中国化工信息中心)、中国农业科学院图书馆、中国医学科学院图书馆等。

一、建设专业数字化信息资源体系，提升服务保障能力

国家科技图书文献中心(成员单位)全年订购外文印本期刊15 940种，会议录等文献3354套(含6547种)，新增外文文献1800种，订购数据库光盘122种。通过调整和增订文献，提高了国家中长期科技发展规划的优先主题、重大领域、基础前沿等学科领域中的地球科学、建筑土木科学、交通运输、航空航天、预防医学、特种医学/航海航天医学、水利工程、能源与动力工程、石油与天然气工业、林业、水产和药学等12个学科的文献订购比例和保障能力。订购的网络版外文全文期刊总量达到375种，其中全国开通的达到320种，

比上一年增长49%，继续支持集团联合订购ACS和AIP/APS的网络版全文期刊55种。新增开通外文电子图书500余种，专业词典1种、事实型数据库2种、实验室方案指南数据库1种。新增订购中文科技电子图书17 116种，总量达到21万种。

为满足用户对回溯数据库的需求，进行了以“国家许可”模式引进国外综合型和专业型回溯期刊数据库的可行性调研，在400个单位组织了SpringerLink回溯数据库的试用，根据试用效果和试用单位的建议，与有关出版商初步达成订购意向。订购网络版期刊回溯数据库，可以有效解决某些学科所需的早期国外重要科技期刊的缺失，增强国家的资源保障能力。

中国科学院图书馆打破传统图书馆从地域性纸本型图书馆出发部署文献资源建设的局限，加强了文献资源统筹建设力度，从数字化网络化角度组织文献资源建设，扩大数字资源、提高信息保障。2007年新增引进科研一线需求的专业电子资源，共增订全文数据库14个（含外文期刊695种），战略情报研究数据库6个。使得全中国科学院相关研究所可共享的外文电子全文资源实现了新的突破：外文期刊7741种，外文图书14 700卷（册），外文工具书1763卷（册），外文会议录16 624卷（册），外文学位论文14万篇；中文全文资源：图书30万种（其中全院开通10万种），期刊7916种，学位论文约37万篇。针对中国科学院研究生教育规模持续扩大的情况，2007年新增中外文图书1万余种。通过国际交换获得外文期刊与图书合计5400册，通过新书评介和参加新书展览获得国际新书和赠书520种（册）。

2007年，中国农业科学院文献情报中心精心选购网络版数据库，覆盖了农业科技创新的主要领域，服务范围已经从图书馆本馆延伸到了农科院京区所有研究所和京外15个研究所。到2007年，共引进数据库品种40余个，涵盖了8000余种中文全文期刊（包含2000万条记录、镜像数据达16TB）、2000余种外文全文期刊、3500

万篇外文文摘记录;共收集书刊 210 万册,其中印刷版期刊11 000 种,包括外文现刊 2500 余种,中文现刊 1600 余种。

国家工程技术图书馆(中国科学技术信息所研究所图书馆)主要收集国内外期刊、会议文献、科技报告、科技丛书、学协会出版物、学位论文、检索和参考工具书等类型的科技文献,文献收藏量超过 500 万册。学位论文累计收藏 14 万余册,年增量近 2 万余册;会议论文累计收藏 10 万余册,年增量 2000 余册,基本覆盖工程技术领域内连续性的核心大套、会议文献和各重要学、协会出版的会议文献。科技报告累计收藏 150 余万份,每年新增 2 万余份。累计收集国外科技期刊 1 万 6 千种以上,覆盖自然科学全部学科。目前每年收集国外期刊 4000 余种,累计收藏中文期刊达到 9000 种以上。目前累计采集全文数据库 23 种,学、协会出版的期刊全文数据库等 45 种,包括光盘版的 AIAA、SAE 等,网络版的 IEEE/IEE、SPIE、IEA、ASCE、ASME、ACM、ACS、AIP、APS、ProQuest 公司的计算机数据库、通讯数据库、科技期刊数据库和硕博士论文数据库等,其中包含电子期刊近 3000 种,会议录约 500 种/年。2007 年启动了文献出版数据的采集和资源分析评价工作,采集、筛选、转换国外期刊、学协会数据基础数据,开发设计了文献资源分析评价平台。

截至 2007 年底,中国化工信息中心图书馆馆藏拥有中文图书、报刊和科技资料 15 万册(件),外文图书、科技报告、工具书、期刊会议文献等 4 万多册(件),光盘、数据库 6000 张(个)。每年订购国内期刊 1200 多种,国外期刊 1400 多种,科技报告、咨询报告、会议文献、工具书等 1000 多种(册)。收藏范围主要是石油、石化、化工、化学以及相关的经济技术、工程技术、生物技术、安全环保等学科的国内外科技文献信息资源。

中国社会科学院图书馆 2007 年加大电子资源建设力度,开展数据库试用 36 批次,引进了万方、维普、Elservier、Emerald、Blackwell 等一批中外文数据库。在引进数据库的同时,还根据科研人员使用情况对现有数据库进行了调整，暂停了某些数据库的续订。订购中文图书14 334种，外文图书4089种，现场采购图书557种（册），采集学位论文28 000册。订阅外文期刊951种，中文期刊1527种，中文报纸124种。全年采访各级各类志书1366种，1952册。其中省、市、县级志书286种；专业志、部门志、山水志、厂矿企业志及城市区、街道、乡镇志等1080种。目前，新方志藏书已经超过21 000种，成为全国最大的新方志收藏单位。

二、深化文献加工，为图书馆提供深度文献信息服务奠定基础

2007年，国家科技图书文献中心精心组织文摘加工，全年新增数据2320万条，数据总量达6385万条，同比增长56%。全年加工外文文献文摘数据285万条，光盘数据19万条，目次页扫描数据13万篇。开创性地进行了引文数据的加工，完成了1640万条引文数据加工任务。

中国科学院图书馆组织深度文献加工，通过建立共享文献信息数据库，实现全国的期刊文献资源共享，继续加强了全国西文期刊联合目录和该院图书联合目录建设，全国西文期刊联合目录覆盖期刊达到5万种（其中现刊19 000种）、覆盖图书馆500余家；建立中国科学院全院图书联合目录，达到中外文图书83万种，覆盖中国科学院图书馆和40余个研究所；加强引文数据库和文摘数据库建设，新增来源记录48万条、新增引文记录351万条，使得ScienceChina数据库来源记录达到280万条、引文记录达到1408万条，形成了我国具有自主知识产权的科技文献服务和分析平台。

中国农业科技文献信息中心的农业科学数据共享中心2007年新增主体数据库12个，新增的主体数据库数据整合量50%以上。

更新维护主体数据库 48 个,数据整合量从 80% 提高到 90%。基本完成农业科学数据共享的标准框架体系,制订一批急需的标准规范,建设 6 个数据分中心,集成数据库(集)490 个,数据量 80GB 以上,并全部实现网络化共享。开发的农业科学数据共享平台网站,提供的在线下载数据累计 200GB,离线数据服务量超过 600GB,访问量已超过 100 万次,注册用户 4000 个,用户主要分布在科学研究机构、教育机构和企事业单位。

中国科技信息研究所图书馆开发了融馆藏资源整合揭示发布、业务展示交流、用户服务平台于一体的资源集成管理与发布服务系统。整合各种类型的印刷版、光盘版、镜像版、网络版资源,面向用户提供跨库、集成、一站式的检索服务。对不同类型文献如期刊、会议、学位、科技报告等,实现了按出版单位、国别、年代、字顺、主办单位、学科专业、语种等不同角度进行导航揭示机制,综合反映馆藏各类资源品种和载体。完成了 6 千种期刊近 10 年的论文、引文、作者、机构、基金数据组成的知识链接系统,为用户提供知识要素相互链接、相互参照、相互引用、相互链接的知识关联服务,从期刊、作者、主要机构、基金等多角度对某一特定对象发文情况和文献被引情况进行专项查询和统计分析,直接查询期刊的文献计量指标并进行原文链接服务,是开展知识服务的基础平台。

中国社会科学院图书馆组织实施了“中国人文社会科学引文数据库建设”,完成了 234 万条数据的规范工作。同时建成的摘引率指标统计数据库,已有近 30 万条数据。这两个数据库已经成为人文社会科学领域学科计量指标统计的坚实基础。

三、发展特色服务，专业图书馆服务量大幅度提高

国家科技图书文献中心网络服务系统2007年的检索量达到6046万人次，同比增长45%，文献检索调看文摘232万篇次。全国开通的网络版期刊数据库的全文使用量为336万篇次，联合购买的网络版期刊的全文下载量达1000多万篇次。全年全文传递服务84万篇，其中中心网络服务系统提供近26万篇，是2001年的10倍。各单位恪守承诺，双休日不间断24小时之内E-mail发送原文，平均响应时间为10.8小时，相当多用户当天即可获得原文。

专业图书馆根据用户需求开展特色文献信息服务，取得了良好成绩。2007年，中国科学院图书馆组织院内文献信息机构，分别建立研究生服务区（IC），进一步深化研究生文献信息服务。通过宣传栏和网络方式，对我馆IC服务进行介绍和报导；同时深入教学园区和学生公寓进行宣传；在研究生院科院星空BBS开设"E图淘宝"版块，积极探索将IC服务嵌入研究生学习与生活环境，组织网上虚拟社区，使之成为图书馆员与研究生互动平台。

2007年，中国科学院图书馆组织学科馆员深入到科研一线，足迹遍及中国科学院所有研究所的研究室、课题组和办公室，向科研人员和研究生宣传推介信息资源、数据库使用技巧、专利知识、论文写作与投稿等，着重加强了对新服务（例如科技新闻聚合服务）、新工具（例如EndNote、E划通）和新资源的宣传推介，参加推介服务活动的用户包括院士、所长和重点课题负责人等。据不完全统计，2007年学科馆员下所1819次，举办培训1258场，用户达18 217人次。在坚持常规服务和普遍服务的同时，学科馆员利用自身的情报资源优势，积极探索课题情报服务，包括课题跟踪与定题检索服务、

文献收录与引用服务，针对各研究所的重点学科发展方向开展的重点课题组的情报咨询服务，根据科研需求组织专题数据库和专门信息资源，建设所级文献信息门户，完成专题调研 50 余项，为 20 个研究所新建了研究所图书馆门户。

2007 年，中国标准研究院图书馆着力组织实施了“标准文献共享服务网络建设”项目，完成了项目的组织建设和资源整合机制；制定了 39 个管理制度和技术规范；完成文摘题录数据加工总量为 118 万条；建设全文数据库 23 万条；向科技部平台中心门户系统汇交 50 余万条数据。建立整合的数据资源门户网站对社会开放服务。目前，中国标准服务网注册用户已达145 943个，用户来自政府机关、科研机构、教育机构、检测机构、工程公司、进出口公司、大中小企业等。

四、组织专题研究，
提高决策信息支撑能力与服务水平

2007 年，中国科学院图书馆战略情报研究与服务布局，跟踪分析国际科技发展的新思想、新战略、新机制、新布局，跟踪分析国际科技体系和国家创新体系的竞争发展态势，支撑院党组以及国家的科技战略决策；跟踪分析中国科学院科技创新基地领域和重要科学领域的国际发展动态与热点、战略、计划、政策、关键技术和竞争发展态势等。组织编印了《国际重要科技信息专报》(周报)、《科学研究动态监测快报》(13 种，半月报)、《重要科技国家和国际组织关注的重大问题》、《国际科技竞争力报告》和《国家创新体系其他单元发展态势分析——产学研专题研究》报告，组织《世界科学中的中国》、《中国科学院科学论文产出及其竞争态势分析》报告等。

中国农科院图书馆在农业部、科技部以及院领导的鼎力支持

下，2007年共争取科研立项62项。其中国家“863”计划3项，国家科技支撑计划5项，国家科技基础条件平台2项，科技成果转化资金1项，科技部“星火计划”1项，公益性科研院所基本科研业务费专项资金1项，农业部跨越计划1项。组织实施的国家“863”课题“商品鸡数字养殖技术平台”获得中国农科院科技成果二等奖。基于国家“863”计划、并获得多项院省级科技奖励的研究成果“主要粮食作物生产数字化管理”，已完成项目的集成和成果转化应用。完成国家科技攻关计划项目“农业信息采集服务系统”研究。完成“食物安全发展战略研究”、国家自然科学基金项目“粮食与食物安全早期预警研究”；已构建面向生产者的农业信息预警系统、面向政府管理部门的预警平台，获得中国农学会“神农中华农业科技奖”二等奖。完成农业信息化标准研究制定，“农业信息化标准技术研究”成果已获得中国农学会“神农中华农业科技奖”二等奖。农业基础数据库与信息系统研究领域，完成了国家基础条件平台项目“农业科学数据共享中心”集成和建设任务。

中国医学科学院图书馆组织完成“医学卫生服务管理模式及互动机制研究”、“新时期国家科技信息资源建设格局与策略”和“人禽流感门户网站建设项目”等多项课题研究工作。组织专题信息门户网站建设，组织“突发公共卫生事件每日科技快讯”数据上载和审核约350条，“医药时讯”网上信息更新约3000条，“艾滋病预防与控制热点门户”数据上载、审核42条，“人禽流感及重症流感门户网站”设计、数据加工305条、数据审核412条。

中国社会科学院图书馆主持完成了“国外人文社会科学机构数据库”、“改革开放以来的国外中国学研究”，组织实施了“国外人文社会科学发展政策与管理”和“英语世界中的论语”，“信息伦理学研究”和“德国学术腐败的防治机制”等。

五、中国图书馆学会专业图书馆分会工作

2007 年，中国图书馆学会专业图书馆分会以开展学术交流为工作主线，活跃学术思想、提高学术水平，通过搭建学术交流平台，为会员沟通信息、相互学习创造环境。组织了学术年会、专题研讨会和学术讲座三种形式的学术交流活动。学术讲座以介绍图书馆事业新发展、业务新趋势为主，组织会员单位结合工作实践，交流研究进展和思考；专题研讨会以交流探讨专业图书馆业务热点、焦点实践为主，讨论专业图书馆服务的前沿问题，开阔视野、启发思维。学术年会以促进会员单位间的沟通学习、展示专业图书馆前沿研究与实践应用成果为主，全面交流专业图书馆创新工作的实践。

2007 年 7 月 14—17 日，在云南昆明组织举办了“专业图书馆的知识服务实践探索”年会，探讨专业图书馆开展知识化服务模式，实现图书馆服务模式转型、服务内容深化等问题。会议沿袭了专业图书馆分会“求真务实”的学术特色，提倡关注现实问题，重在业务实践探讨。组织了“新时期图书馆信息服务的模式、方法与手段”、“基于内容的信息资源组织方法与技术”、“中小型专业图书馆馆长研讨会”等学术会议。举办“文献信息集成化服务平台建设”、“学科馆员与学科化服务”、“原文传递系统的建设与服务”、“数字资源整合建设的创新与发展”和“如何对用户进行电子资源培训”等主题讲座。

分报告五：其他系统图书馆

党校图书馆

党校系统图书馆经过多年发展，目前已形成以中央党校图书馆为龙头、以48家副省级以上党校图书馆为骨干、覆盖全国省地市县乃至乡的颇具规模的党校图书馆网络，在中国共产党党校教育中发挥了应有的作用，成为中国图书馆界一支具有独自特色的生力军。

（一）发展概况

2007年，全国党校系统图书馆发展进入一个新的阶段。按照科学发展观的总体要求，为配合党校"理论基础、世界眼光、战略思维、党性修养"的教学布局，更好地为党校教学科研和领导决策服务，全国党校图书馆在继续加强基础建设、提高信息服务质量、搞好科研工作和队伍建设的同时，重点开展了全国党校图书馆数字资源共建共享工作，取得了较大成绩。

1. 加强基础建设，改善服务设施

在加强馆藏资源建设方面，各级图书馆积极采取措施，优化馆藏结构，突出党校特色。在书刊涨价、购书经费有限的情况下，许多图书馆本着"开源节流"的原则，采取多渠道购书、精选拟购书刊的办法，以保证重点学科书刊和特色文献的收藏。同时，通过多种渠道积极争取经费、获取有关文献和数字资源。中央党校图书馆在努力争取到每年20万专项经费以保证地方志特色馆藏建设的同时，积极开发在校学员资源，从党校学习的学员中征集到一批各地的地方志和中国共产党组织史资料，并从学员和教师处获得其本人著述的捐赠以充实“中央党校文库”。党校图书馆委员会还积极响应中国图书馆学会关于开展“全民阅读赠书计划”活动的通知，推荐了西部有关省(区)的基层图书馆参与此项活动。许多地方党校图书馆也同中央党校图书馆一样，在与有关公司的合作中，通过免费使用或试用等方式，增加了本馆的数字资源，给读者提供了更多网上查找资料的方便。

在改善服务设施方面，各级党校图书馆一方面努力争取学校财政的支持，另一方面积极拓宽渠道，获取有关方面的捐赠。中央党校即向有关地方党校赠送了部分计算机。

2. 坚持以人为本，提高服务质量

针对党校的学员均是来自各级各部门领导干部、学习以短期培训轮训为主的特点，近年来党校采取了研究式教学方式进行教学，“教学相长”，“学学相长”，教师和学员理论联系实际，共同探讨实践中遇到的课题。配合研究式教学，图书馆坚持“读者第一，服务至上”的宗旨，一方面，不断提高服务质量，急读者之所急，想读者之所想，从改进细节做起，及时、方便提供服务。部分图书馆开展了图书网上查询、预约、催还服务，提高了服务的效率。针对学员以自学为主、宿舍内均可上网的特点，对新入校学员进行利用图书馆信息资源的培训，举办讲座，组织参观图书馆，发放有关图书馆资源和服务的介绍材料，使其了解图书馆馆藏资源、特别是数字资源情况，得以充分、快捷地利用图书馆的信息资源和服务。仅中央党校图书馆一年就培训新学员 8 批次计 599 人。

另一方面，积极探索学科化服务的路子，在深层次服务上下工夫。许多图书馆均为教学科研提供了二、三次文献服务，以索引、目录、文摘、综述等方式定期为教师和学员提供相关理论和社会热点问题动态信息。48 所副省级以上党校图书馆大多编辑出版了相关信息刊物，有的在社会上具有了一定的影响。中央党校图书馆编辑并公开出版发行的《党政干部文摘》，在读者特别是党政干部中受到了欢迎。除提供二、三次文献服务外，许多图书馆还配合研究式教学，及时为教师和学员提供所需专题资料服务，有的馆还直接参与到教师的研究课题中去。此外，还根据网络信息资源方便、快捷的特点，通过搜集网络资源及时为校领导及有关方面提供所需信息，以供参考。

3. 加强数字资源建设，推进共建共享工作

与全国图书馆行业的发展基本同步，党校数字图书馆的建设起步于2000年，并在一开始就得到了时任中央党校校长胡锦涛同志的支持，2000年12月30日，他在中央党校校委“关于建设全国党校系统数字图书馆有关情况的报告”上亲笔批示：“要抓紧建设，快见成效。同时要防止重复建设”。本着胡锦涛同志的指示精神，全国党校图书馆加快了数字图书馆建设步伐。2003年2月19日，国务院总理办公会批准了中央党校数字图书馆工程立项。2004年9月6日，中共中央直属机关事务管理局根据国家发改委（发改社会[2004]1756号）文件精神，发出《关于中央党校数字图书馆工程可行性研究报告的通知》（中管基发[2004]164号），同意建设中央党校数字图书馆工程，工程总规模为建筑面积8603平方米，投资24 387万元，并要求中央党校开展工程建设的初步设计工作。随后，中央党校成立了相关工作机构开展工作。

为避免重复建设，全国党校系统图书馆重点加强了数字资源建设的协调工作。为探索具有党校特色的数字图书馆建设模式，采取了统一协调、以点带面的方式进行数字资源建设。2006年，在自愿报名的基础上，产生了涵盖华北、东北、华东、中南、西南、西北六大片区、包括有省级、副省级党校图书馆在内的15家共建共享示范馆，承担了“马克思列宁主义研究”、“‘三个代表’重要思想研究”、“中国共产党历史研究”、“中国共产党的建设研究”、“领导学”、“当代国际政治”等15个数据库的建设任务。

2007 年,全国党校图书馆数字资源共建共享工作,从统一认识、计划实施、人员培训、技术标准等方面开展工作,下大力气推进此项工作的进行。1 月 20 日,中央党校图书馆向副省级以上党校图书馆发出《关于印发〈全国党校图书馆数字资源共建共享基本标准与规范〉(试行)的通知》。这个文件和先前已经印发的《全国党校图书馆数字资源建设规划(2006—2010)》和《全国党校图书馆数字资源共建共享工作条例(试行)》一起,使全国党校数字资源共建共享机制的制度基础基本形成。4 月 11 日至 13 日,党校系统图书馆 15 家共建共享示范馆建库负责人会议在中央党校召开,会议就《党校图书馆数字资源共建共享技术标准》、《党校图书馆数字资源建设基本标准与规范(试行)》和《描述元数据著录细则》的贯彻落实做了研究,为进一步推进数字资源共建共享创造了条件。5 月 10 日至 6 月 8 日,"全国省级党校图书馆馆长研讨班"在中央党校举办。该班业务课的重点是数字图书馆方面的理论和实践问题。馆长们通过学习和讨论达成了共识,要通过共建共享,在党校系统形成合力,建设具有党校特色的数据库群。11 月 24 日至 25 日,"全国党校文献信息学会(中国图书馆学会党校委员会)成立二十周年纪念大会暨理论研讨会"在中共广东省委党校召开,来自全国省级、副省级党校图书馆以及广东省部分地市党校图书馆的代表共 93 人出席了会议。会议的一个主要议题就是,总结学会成立二十周年以来的工作经验和不足,并对今后工作进行部署,重点研究了如何发挥学会作用,把全国党校图书馆特别是数字图书馆建设事业推向前进。

作为中国数字图书馆建设联席会议成员单位,中央党校图书馆参加了年内召开的相关会议,在会上介绍了中央党校和全国党校数字资源共建共享情况,与成员单位交流了相关做法与体会,进一步加强与各系统图书馆的紧密联系与合作。通过与外界的沟通与交流,及时了解数字图书馆建设的动态和前沿理论,用于指导党校数字图书馆建设。

4. 开展科研和业务培训工作，提高图书馆队伍整体素质

2007 年党校图书馆的一项重要工作就是，积极组织开展科研活动，加强业务培训工作，以进一步提高工作人员的理论素养、业务素质和职业道德。

党校图书馆事业正处在一个重要的历史发展时期，大量的课题有待研究。发挥全国党校文献信息学会（中国图书馆学会党校委员会）的作用，以“党校图书馆事业的创新和发展”为主题，年初即向全国党校图书馆各分会发出征文通知，共收到 21 个分会和中央党校图书馆的 66 篇征文。经学会学术委员会评选，有 14 篇论文的作者被邀请参加研讨会交流，其中 7 人在 11 月召开的“全国党校文献信息学会成立二十周年纪念大会暨理论研讨会”上发言，2 人作了书面发言。研讨会讨论的重点是关于图书馆的发展战略、数字图书馆建设方面的问题。这些问题是在新的历史条件下党校图书馆事业如何在创新中发展需要认真加以探讨解决的课题。

此外，党校文献信息学会还组织了“2005—2006 年度全国党校系统图书馆优秀科研成果”的推荐和评审，并在学会成立二十周年纪念大会上进行了表彰。22 家地方党校分会的 104 项科研成果分获一、二、三等奖。

各级党校图书馆在立足于本职工作的前提下，鼓励开展学术研究，积极申报各项科研课题，参加各类学术活动。仅中央党校图书馆就主持、参与省部级科研项目 4 项（1 项已结项），发表论文 27 篇，出版图书 1 部。

在抓好科研工作的同时，各级党校图书馆积极组织职工参加中国图书馆学会、国家图书馆、中科院图书馆等单位和机构主办的各类业务培训班，特别是网络环境下图书馆发展的新理论、新技术、新技能培训班。中央党校图书馆主办了“全国省级党校图书馆馆长研讨班”，通过专家授课、参观研讨，使馆长们开阔了视野，认清了形势，进一步理清了工作思路，受益匪浅。各地学会分会也采取多种

形式,组织了有关培训与研讨班。通过各类培训,使图书馆工作者的综合素质得到了很大提高,为今后各项工作的开展打下了较好的基础。

(二)存在问题和下一步工作思路

1. 存在问题

一年来,党校图书馆事业取得了较快的发展,特别是数字资源共建共享工作取得了较大进展,数字资源共建共享示范馆由15家增至16家,各家已确定了各自特色数据库的框架体系,其中一半以上图书馆已初步建成具有一定数量内容的数据库并可提供部分检索服务。中央党校数字图书馆工程初步设计方案正在进行中。

但是,也要看到,党校图书馆的发展也存在一些亟待解决的问题:(1)与其他系统图书馆相比,业务经费的投入偏低,特别是西部地区和内地一些基层图书馆,多年来经费几乎没有增加,使得各项工作的开展、特别是新增业务的开展受到制约;(2)党校图书馆的队伍建设问题未能引起各级校领导的足够重视,存在知识结构老化、年龄结构偏大、待遇偏低的现象,而工作人员思想保守、安于现状的情况与人才外流的现象也同时存在;(3)图书馆为党校教学服务的能力和水平有待进一步提高,工作人员的信息素养需要进一步加强,学科化服务有待进一步加强。同时,图书馆的硬件服务设施有待尽快改善;(4)数字图书馆建设中存在的一些体制和机制上的问题,影响了数字图书馆的发展速度。在数字资源共建共享方面,还需要加大力度推进;(5)全国党校文献信息学会的作用未得到充分发挥,各分会之间的交流与互动尚待加强。

2. 工作思路

(1)解放思想,更新观念。要在科学发展观指导下,加强政治理论学习和业务学习,配合党校教学改革,探索学科馆员制度的实施途径,开拓创新,提升图书馆为党校教学科研服务的层次。

(2)以建设复合型图书馆为长期发展目标，统筹协调好传统图书馆业务和数字图书馆业务的关系，重点加强和推进党校系统图书馆数字资源的共建共享工作，在现有"共建"的基础上探索"共享"的实现方式。

(3)积极争取学校增加经费投入，继续通过多种渠道获得图书、设备等捐赠，改善图书馆基本设施和服务手段，发挥图书馆最大效益。

(4)加强科学管理和制度化建设，提高全体工作人员的综合素质，促进党校图书馆队伍结构的优化、合理。完成《中国共产党党校图书馆工作规程》的修订工作，并用于指导各项工作的开展。

(5)加强与各系统图书馆的交流与合作，积极开展图书馆学、情报学、计算机技术等方面的研究，及时了解图书馆发展的前沿信息，促进党校图书馆事业又快又好发展。

团校图书馆

2007年，中国图书馆事业健康持续地发展，团校系统图书馆根据自身的工作基础和专业特色，配合各省市地区院校中心工作，开展了学术交流、业务合作，为促进图书馆建设和发展作出了努力。

(一)认识自身特点加强基层建设

团校教育事业作为党和国家教育事业的重要组成部分，担负着培养青年干部的重要职责。2006年8月19日在延安干部学院召开的全国团校校长培训班开班仪式上，团中央书记处书记王晓同志指出，"广大团属院校坚持作为团的干部院校的性质，不断巩固团干部教育培训的基础性地位，切实履行团干部教育培训基地的职责，在开展团干部教育培训、促进团干部队伍建设等方面做了大量扎实、有效的工作,创造和积累了许多宝贵的工作经验,为共青团事业发展作出了重要贡献,形成了光荣的革命传统,积累了丰富的教育经验,在共青团的组织体系中发挥了不可替代的重要作用”。十年浩劫,共青团组织因遭极“左”势力的破坏而全面瘫痪,各级团校也全部停办。党的十一届三中全会召开后,各条战线开始拨乱反正,共青团组织逐步走向正常,各级团校的办学逐步得以恢复。进入 20 世纪 80 年代后,团中央不失时机地与国家教委出台了《关于实现团校正规化建设的意见》,为省市团校的办学向国民学历教育发展提供了政策依据。

综观半个世纪团校的发展,实践证明,凡是因循守旧,迟迟不能迈开步子,固守原来发展模式,团校发展就没有生机,举步维艰。凡是认清形势,早日介入市场的团校就焕发勃勃生机,发展形势也比较好。只有坚持团校特色,与时俱进,顺应社会、共青团、青年发展的潮流,团校才有出路。团校作为一个社会单位细胞,与其自身的团干部培训主业、学历教育、职业教育等各个教育层面,都明显地相互作用,相互影响。团校系统中的各个院校图书馆,根据各地各院校的不同情况,在 2007 年重点加强了基层、基础建设工作。

在共青团中央的大力支持下,中国青年政治学院图书馆新馆已经由国家发展与改革委员会批准立项,正在建设过程中。新馆面积 11 800平方米,预计在 2008 年后建成投入使用。在学院开始了新图书馆建设的同时,2007 年向图书馆投入了 300 万元专项经费,用于新图书馆的前期工作。为此,该图书馆经过认真论证提出了以“资源建设为基础,数字化建设为平台”的经费使用方向。

山东青年管理干部学院召开有教务处、科研处、学生处、团委和各教学系、部的领导参加的图书馆新馆建设座谈会。学院副院长吴裕根讲话指出:图书馆是为教学科研服务的重要部门,是学院发展建设的重要标志之一。图书馆大楼即将竣工,为了更好地利用新馆为教学科研服务,为全院读者服务。图书馆馆长李玉英通报了图书馆近几年文献资源建设和管理服务情况；介绍了新馆基本布局。与会人员对图书馆新馆的布局进行了认真的讨论，并提出了许多合理化的建议。

上海青年管理干部学院的数字化图书馆和数字化校园建设取得阶段性成果。2007年10月院办公室、教务处、学生处、人事处、财务处、图书馆等部门召开校园网调研会议。各主要负责同志根据各自部门职能对校园网三期工程各功能模块的开发，畅谈建设构想并提出积极建议。该院副院长岳龙在讲话指出，数字化校园建设二期工程的顺利完成标志着我院数字化校园建设取得阶段性成果。希望相关同志继续努力，推进数字化校园建设。

（二）开展各类活动推动特色发展

胡锦涛同志就加强干部教育培训工作作出重要指示，他要求各级各类干部学院在干部教育培训工作中联系实际创新路，加强培训求实效，不断探索干部教育培训工作的新方法、新途径，不断增强教育培训工作的针对性和实效性，不断提高各级领导干部的马克思主义理论水平和运用理论解决实际问题的能力。走特色发展之路是团校服务共青团最直接最现实的体现，也是利用共青团完整的组织网络优势，开辟教育新市场最直接的联系纽带。当前共青团事业正处在一个新的发展起点上，迎来了又一个加速发展、蓬勃发展的黄金机遇期。做好新形势下的共青团工作，按照党的要求，团结带领广大团员青年在全面建设小康社会的宏伟实践中成长发展、建功立业，迫切需要我们培养和造就一支政治坚定、素质优良、作风过硬、结构合理、规模宏大的团干部队伍。大规模培训团干部为团校发展提供了一个新的机遇。培养共青团干部这一个传统职能不但不能丢失，而且还要加强。

为了做好团校系统特色兴校的工作，各地团校图书馆配合各院校努力开展以加强青少年教育、青少年研究为特色的一系列工作。

广州市团校在 2007 年 6 月召开了内地、香港、澳门青少年专家共同参加的探讨“讯息时代新青年议题”的圆桌会议。40 位来自内地、香港、澳门的嘉宾讲者。演讲的主题分别为“网络世界与青年”、“失范、违规与青年”、“身份认同与青年”、“失业、贫困与青年”。

2007 年 4 月，上海青年管理干部学院启动“上海青年就业（创业）现状及对策”课题，作为当年该院科研项目的重点之一，学院教师主持编写了以“上海青年就业（创业）现状及对策”为主题的《2007 上海青年发展报告》（蓝皮书），并由图书馆参与开展社会调研和大量文献整理调用工作。

福建省团校于 2007 年元月，正式启动了《台湾与福建青少年状况比较研究》课题工作，该课题已被团中央作为重点课题立项。课题研究充分重视整合相关资源，努力将研究做得更为深透、高效。图书馆协助课题组成员认真做好相关文献的检索和研究，并根据各自专业特长及在课题研究中承担的任务，拟好相应的调研提纲及问卷，为课题研究的充分展开做好各方面的准备。

此外，福建省团校图书馆配合该校，根据本地区需求加强团的系统课程库建设。经统计，该校 136 门课，其中绝大部分是新课，而且都较贴近时代要求和青年需求，贴近共青团工作需要。根据团省委有关共青团信息化建设的要求，福建省 9 个地市团组织也基本实现县县上网。为了充分利用网络的迅速便捷，扩大团校教学培训的影响力，课程库建设实现了“菜单式”的团干部培训课程。

（三）完善专业服务进行读者教育

2007 年前后，团校系统中有一批院校先后接受了教育主管部门各类不同评估。图书馆为巩固评估成果、开展了各方面以完善图书馆读者服务为内容的基础建设工作。

中国青年政治学院在 2007 年重点进行了以“巩固评估成果、完善图书馆读者服务”和“强化推送服务、满足读者需求”为内容的工作，出现了一批很好的服务思路、服务方式、服务手段。如为配合教学，拓展购书方式，书店到馆进行图书展销；创优质服务做文明读者的“优质服务周”；在线咨询、邮件咨询等互动式服务等。

山东青年管理干部学院在 2007 年 5 月与省社联举办的“社会科学进社区”科普活动成功举行，学院青少年研究所、青少年研究会、图书馆等组织相关人员走进济南市槐荫区裕园社区，参加了此次活动。这是青少所等连续四年参与“社会科学与您同行”大型义务咨询活动。

浙江省团校图书馆利用寒假期间，与院学工部组织全体学生开展寒假读书征文活动。经筛选，最后评选出 6 篇读后感入围优秀征文奖。

2007 年 4 月江苏省青年管理干部学院图书馆为进一步提高师生消防安全意识，了解掌握消防知识，增强消防应急处置能力。全院于 4 月 10 日下午组织师生参加了消防知识讲座和消防实战演练。师生们从讲座中增长了消防知识，了解到自救的方式方法；从灭火实战演练中提高了消防灭火应急处置能力，达到了预期效果。

为贯彻配合国家将除夕、清明、端午、中秋等传统节日纳入法定节假日的举措，北京青年政治学院图书馆与青少年教育发展研究中心、北京东方道德研究所于 2007 年 12 月 12 日召开“弘扬优秀传统节日文化 建设民族共有精神家园”暨《中国传统节日文化研究》出版学术研讨会，图书馆配合会议积极组织读者参与此项文化活动。

为庆祝香港回归 10 周年，2007 年 4 月由福建省青少年研究会主办、福建省青少年研究会书画专业委员会承办的“和谐杯”福建省青少年儿童书画大赛征稿活动正式启动。福建省团校图书馆积极组织读者参与活动，使报名单位踊跃参加，报名人数众多，收到稿件 100 多篇。

河北青年管理干部学院图书馆在“世界读书日”到来之际，组织读书协会开展了读书宣传活动。这是读书协会自三月成立以来的首次活动。为搞好这次宣传，图书馆协会指导小组的同志与协会成员一起昼夜加班，精心编辑排版制作展牌，使这次活动引起了广大师生浓厚的兴趣。此次宣传活动以引导学生“爱读书、会读书、多读书、读好书”为主题，分别向广大读者介绍了《世界读书日的由来》、《如何做到会读书》、《如何选读好书》等有关阅读知识；推荐了该院图书馆收藏的较为优秀的文学及社会科学书目50部。同时，读书协会还向全院同学发出了《读书倡议书》，倡议全体同学珍惜大学生活这一良好的读书学习机会，走进图书馆，用知识武装自己、提升自己，为今后走向社会、报效国家做好知识积累。4月26日，由图书馆读书协会组织的“‘给心灵插上翅膀’我爱读书知识竞赛”决赛在多功能厅成功举行。至此，为纪念“世界读书日”而组织的知识竞赛活动历经了十天的赛程，终于落下帷幕。图书馆举办此次知识竞赛活动，旨在激发同学们的读书兴趣，点燃同学们的读书热情，营造勤奋读书、发奋向上的校园文化环境，进一步促进校园文化建设。此次知识竞赛的试题涵盖了文学、政治、地理、历史、环保、科技、生活常识等方面的内容，极大地促进广大同学对以上知识的学习和掌握。

（四）提升馆员专业素质，营造信息氛围

为向研究型图书馆提升，委员会积极组织系统内成员馆的馆员参加中国图书馆学会举办的学术年会、业务培训班。近年来，各地团校图书馆在设备建设、文献建设等方面得到了学院的大量投入。在各方面资源不断扩大，工作不断增加的情况下，服务理念、人员素质、工作效率和质量等问题随之显现。

2007年中国青年政治学院图书馆借助学院的优势，广泛建立与中国图书馆学会、上海、山东等重点地区院校图书馆的联系，学习高校图书馆成熟、有益的工作理念与服务经验。借助各种机会，让更多馆员外出交流学习。让更多的馆员开阔眼界，吸取新理念提高图书馆员素质。一年中图书馆的32名工作人员中有28人参加了各类

专业学术会议;21 人参与各类型交流走访;4 人参加专业培训。

2007 年 11 月北京青年政治学院图书馆举办了“学术能力,谈文献信息的获取与利用”讲座。主讲人首都图书馆馆长倪晓健教授是中国图书学会副理事长、北京大学以及北京师范大学兼职教授,倪教授风趣的语言和博学的知识博得同学阵阵掌声。当天有 350 名同学到场,他们对讲座的内容给予了极高的评价,并纷纷表示学校应该多举办此类知识型讲座,以丰富、拓展同学们的知识面。

2007 年 7 月山西青年管理干部学院图书馆与科研处联合举办“科研选题与论文写作应用技巧”专题讲座。全体教师赴山西省数字图书馆,听取了张丽华教授作的关于“CNKI 数据库在科研选题与论文写作中的应用技巧”专题讲座。此次讲座专业性强,实践性强,互动性强,对提高广大教师科研水平起到了很好的推动作用。讲座结束后,教师们对讲解内容进行热烈的讨论。大家一致认为,讲座对自己科研写作有很大帮助,以后可以多办。

为了加强系统各馆之间的联系,委员会组织了部分省团校图书馆赴深圳、上海、杭州、南京等地图书馆考察参观。为了更好更快地提升本系统图书馆的工作水平,我们积极主动参与图书馆界高校系统各方面重要的会议与活动。开展多种多样的学术交流、科普文化宣传、读者培训等活动,是我们发挥学术团体和行业服务的双重职能的重要工作。

在图书馆新的发展阶段中,我们将进一步加强本系统委员会的工作,根据本系统特点,学习同行经验,主动贯彻参与中图学会的各方面工作。同时,还将继续采用这种方式以及其他方式来促进团校系统图书馆的整体发展。

军队院校图书馆

2007 年是迎接党的“十七大”和学习贯彻“十七大”精神的重要一年,也是军队院校图书馆建设和发展面临实际问题较多的一年。在总部机关的领导下,以迎接图书馆评估为动力,军队院校图书馆委员会和全军院校图书馆适应院校教学科研的信息需求,以加强特色信息资源建设、加强信息资源共享、加强信息和知识服务作为重点,加强全面建设,坚持协调发展,在院校教学科研中较好地发挥了支柱作用。

(一)理论研究深入发展

理论是行动的先导。在信息技术日新月异的发展、信息需求与日俱增、数字图书馆方兴未艾的新形势下,加强全军院校图书馆学术理论研究具有特别重要的意义。2007 年的理论研究围绕“贯彻落实科学发展观,推进军队院校图书馆又好又快的发展”这一主题展开,主要研究:对落实科学发展观的全面正确理解、军队院校图书馆与军队院校教育的协调发展、图书馆基础建设与数字图书馆建设全面协调发展、图书馆信息资源建设与信息服务的协调发展、图书馆建设管理和服务的“以人为本”、图书馆事业的可持续发展对策研究等方面。全军院校图书馆的同志,坚持理论与实际相结合,学习理论,研究解决实际问题,积极撰写学术文章达数百篇。图书馆委员会以笔会的形式,召开军队院校图书馆贯彻落实科学发展观研讨会,征集论文 180 多篇,经专家评审,遴选优秀论文 123 篇,汇编为《以科学发展观为指导,加强图书馆全面建设》论文集,由国防大学出版社出版,展示了当年的学术研究成果。

（二）基础设施不断加强

图书馆设施设备是文献信息服务的物质技术条件。2007年，适应军队院校建设和发展的需求，各级领导机关和院校重视图书馆基本建设，大部分院校馆舍面貌大为改观，阅览条件明显改善，现代信息技术设备广泛应用，为提高图书馆服务能力创造了较好条件。当年，有8所院校新建或扩建了图书馆，建筑面积大都在1万平方米以上。为了给读者创造清馨优雅、充满浓郁文化氛围的借阅、阅览环境，各图书馆十分重视环境的美化和绿化，宽敞明亮的大厅、装饰高雅的走廊、书香四溢的阅览室，使读者在书海里如醉如痴。按照现代图书馆理念，结合文献类型和读者对象，科学设置各种类型的书刊藏阅室，实现了"藏、借、阅、管"合一的服务模式，全开架的阅览布局，创建了以读者为本的阅读环境。各图书馆都建了电子阅览室，机位一般在100个以上，最多的270多个。2007年，有30多个图书馆新增了数字资源存储设备，大都具有10个TB以上的存储空间。

（三）文献资源日益丰富

满足军队院校日益增长的信息需求，加强文献信息资源建设，是图书馆建设的核心任务，也是院校信息化建设的重要内容。经过近20年的努力，全军院校图书馆馆藏文献总量已从1987年统计的1700万册增加到2007年的近4000万册；1997年以来，在全军军事训练信息网建设的带动下，数字化信息资源从无到有，目前储存总量已达400多TB。现已形成了以馆藏书刊文献为基础、数字化信息资源为主导、多元化载体资源为补充的具有鲜明军队院校学科专业特色的文献信息资源体系，成为军队和国家文献信息资源的重要组成部分。

（四）数字化建设大步跃升

信息资源数字化建设是全军军事训练信息化条件建设的重要组成部分。全军院校图书馆按照统一的建设目标和规划，从建设军事训练数据库起步，进而启动数字图书馆工程，建设了一批具有军事特色的数字图书馆和学科专业资源网站。自 2001 年起，军事理论学科数字图书馆、军队政治理论学科数字图书馆、军队政治工作数字图书馆和军队院校公共数字图书馆等项目的启动建设，到 2007 年已具有相当规模，发挥了较好的示范作用，推动了军队院校图书馆由传统型向数字化的历史性跨越。

1. 军事理论科学数字图书馆

该项目自 2001 年启动建设，到 2007 年，已建成覆盖军事理论科学各领域的信息资源系统，有军事理论专题数据库 26 个、全文数据 2000 余万条、军事视频资料 8000 余部、图书目录数据近 25 万条、电子图书 140 万余种，数据总量超过 30TB；通过对异构资源的集成整合，建立了具有智能性的知识服务系统，为用户提供了知识导航、信息检索、个性化信息定制和推送等一站式服务。

2. 联合数字图书馆

联合数字图书馆是按照单位隶属系统建设的军事后勤、陆军、海军、空军系统所属院校和飞行院校图书馆联合建设的数字资源系统。军事后勤学科中心数字图书馆已建成军事后勤特色的期刊和研究生学位论文 12 万余篇、军事后勤图书 5600 余册和部分军事后勤相关音视频资料，还引进了部分相关数字资源；全军陆军学院文献资源联合建设服务系统主要包括军政时事、军事公共信息和各馆学科特色信息资源等；海军院校数字图书馆已收录海军各院校的部分教材、学位论文、院校期刊、军事图书、视频报告和专题资源等文献 8 万余篇；空军院校联合数字图书馆已建成空军院校图书馆联合书目数据 45 万条，中国空军、航空、航天数字图书，军事、航空、航天期刊、学术论文、空军院校学位论文、教学参考书等，飞行院校特色信息资源库12个、文献2万余篇，空军相关学科电子图书4500余种以及军事、空军、航空、航天多媒体资源库3000多部。

3. 学科专业数字图书馆

学科专业数字资源是数字图书馆工程建设的重点。自2002年启动建设，到2007年已建成10多个较大规模的学科专业信息集成系统，2007年坚持更新维护。这些系统主要是：军队政治理论学科数字图书馆、军队政治工作数字图书馆、军事教育训练学科数字图书馆、合同作战数字信息资源系统、军事气象和水文数字图书馆、军事通信数字图书馆、周边国家（地区）军事信息网站、军队核生化防护数字图书馆、印度军事信息网站和第二炮兵指挥数字图书馆等。

4. 公共数字信息资源

为减少重复建设和浪费，采取集中引进、资源共享的方式，整合各种公共信息资源，建立面向全军院校的公共信息资源保障模式，提高了为教学科研服务的效益。这些项目包括：军队院校公共数字图书馆、军队信息资源共享联合体、全军外语教育信息资源网站、在线军事工具书集成服务系统、在线外文信息资源系统和新华社专供军事信息服务等。

5. 信息集成服务系统

建立信息集成服务系统，是信息资源共享与提高服务效能的重要举措。军队院校图书馆通过对相关信息资源加工与处理、集成与整合、重组与链接，实现有序化管理，初步形成了较为合理的信息资源共享服务体系。主要包括：中国军事学术期刊联合网络服务系统、全军院校社会科学类外文文献服务中心、全军院校外文科技文献服务中心和因特网信息资源集成服务中心，特别是因特网信息资源集成服务中心较好地解决了因特网与军队内部网络物理隔绝、因特网信息庞杂无序、查找困难等问题。

（五）队伍素质全面提高

培养和造就一支素质高、能力强、结构合理的专业技术队伍，是图书馆做好信息服务工作的关键。2007 年，随着军队信息化和院校教育转型的深入发展，图书馆人员的学历和专业结构发生了很大变化，特别是体制编制和专业技术队伍结构的调整，形成了以文职干部为骨干、文职人员为主体的人才队伍。为适应队伍结构的变化和素质要求的提高，全军院校图书馆采取送学培养、在职培训、参观调研、出国考察等多种形式，加强人才培养。2007 年，由总部机关组织的文职人员培训班 2 期、技术骨干培训班 2 期、参训人员达 200 余人次。

军队院校图书馆结合本职工作，积极开展图书情报理论及相关学科的学术科研活动，取得了丰硕成果，有力地促进图书馆业务工作的开展，提高了专业素质和服务能力。据不完全统计，2007 年度由图书馆承担的科研课题属国家级 7 项、军队级 57 项、院校级 45 项。图书馆工作人员充分利用图书馆的信息资源优势，结合各自专业所长，进行学术理论研究，取得了大量的学术研究成果，编写出版的著作不仅有图书情报类，而且涉及许多其他相关学科专业。图书馆撰写的许多学术论文被全国 4 大学会主办的核心期刊等刊物登载。据统计，全军院校图书馆 2007 年发表学术论文 914 篇。

军队院校图书馆坚持开放办馆，扩大内外交流，有计划地组织学术研讨、专题研究、参观见学、出国访问，开阔了视野，拓宽了思路，有力地促进了军队院校图书馆的建设与发展。2007 年，组织召开全军院校图书情报学术研讨会 1 次，发表论文 123 篇；参加军队和地方各级学术团体组织的学术研讨会 460 人次。参加国际学术交流活动 3 批次、20 余人次，分别考察了美国、德国、挪威、丹麦、瑞典、芬兰、埃及等国家。

（六）服务能力显著增强

做好读者服务工作，履行教育和情报职能，是军队院校图书馆的根本任务。2007 年，军队院校图书馆以读者需求为牵引，更新服务理念，创新服务方式，变革服务手段，大大提高了服务能力和水平。一是为教学科研提供信息支撑。军队院校图书馆采取课题跟踪、专题服务等方式，配合课堂教学，指导读者开展读书活动，参与教学科研实践和理论创新，为教学科研提供信息支撑和保障。各图书馆坚持编制新书通报、馆藏目录，提供联合目录，积极开展导读活动；办好书刊阅览室，积极提供索引类、汇编类、综述类、述评类情报研究产品服务，及时向读者传递各类动态、学术性信息；各馆针对读者需求和文献特点，设置了学科专业、教员和研究生等阅览室，实行开架借阅，努力提高书刊资料的利用率。据统计，全军院校图书馆2007 每年接待读者约 1100 万人次，文献流通量约 720 万册（件），图书馆网站每年点击率约在 1000 万人次以上；各馆为读者提供了主题、分类、异构、跨库等多种形式的网站信息资源检索服务和资源导航、学科知识导航服务、课题查新服务；针对读者个性化需求，开展信息定制、信息聚集、信息推送和定题跟踪服务。二是为信息用户提供教育培训。着眼提高用户信息素质，组织编写信息素质建议系列教材和读者指南，组织文献信息检索课程和专题讲座等多种类型、不同层次的教育培训，帮助读者掌握在网络环境下信息检索、获取和利用的技能。配合课堂教学开展读书读报活动，举办专题文化知识讲座，指导读者学习专业知识和鉴赏文学艺术，扩大学员的知识面；开辟画廊、墙报、学习园地，宣传推荐新书，组织读书征文和研讨活动；举办专题文化知识讲座，提高读者的德、智、体、美修养；根据不同培养对象，编写系列文献信息检索教材，开设文献信息检索与利用课程，培养读者的信息意识和利用文献信息的技能。三是为部队训练提供信息保障。军队院校图书馆立足院校，面向全军，把信息服务延伸到部队,积极传递科技文化知识,组织加工专题信息资源,开发专题数据库,为基层连队送书订报,协助基层部队办好图书资料室,把流动图书馆办到机场、港口和基层连队;军队院校图书馆编辑情报刊物133种,为院校和部队教育训练提供信息服务,为部队军事教育训练提供"科技文化大餐"。四是为领导决策提供参考咨询。军队院校图书馆围绕国防与军队建设和军事斗争准备需要,针对总部机关的意图,2007年撰写10多份专题研究报告和调研咨询报告,并开展信息定制服务,为总部机关提供决策参考咨询。

(七)法规制度逐步健全

2007年,军队院校图书馆认真贯彻《中国人民解放军院校图书馆工作条例》、《中国人民解放军院校图书馆工作规范》和《中国人民解放军院校图书馆评估实施办法》,并根据各馆的实际情况制定了相应的规章制度、实施细则,结合业务工作实际抓好落实,逐步实现图书馆业务管理的规范化。2007年,协助总部机关修订了《中国人民解放军院校图书馆评估实施办法》和评估指标体系,对11所院校图书馆进行评估,达到了以评促建的目的;出台数据库建设技术规范、数字图书馆元数据标准、军事信息资源分类标准和军队院校图书馆联合编目标准等一系列标准规范,形成较为完善的技术标准规范体系。

医院图书馆

为了较好地掌握我国医院图书馆的现状和发展趋势,分析和总结医院图书馆发展的有益经验和存在问题,中国图书馆学会医院图书馆委员会于2008年设专款(8万元)通过设立《科研基金项目》的办法,对全国18个省市的医院图书馆进行全面调研。这项工作旨在促进学会的全面发展，促进学会科学研究建设，凝聚和培养医院图书馆事业创新型科研人才，促进学术交流与合作，加速医院图书馆科研成果的实际应用，探讨论证高度整合、平衡、共享医院图书馆有限资源，高质量地完成所承担的为医学临床、教育、研究、管理提供良好服务的任务，并进一步深入探讨中国医院图书馆事业的发展方向，适时向国家有关行政部门提供合理化建议，为国家制定医院图书馆政策和问题规划发挥导向作用，从而谋求学会创新、民主、共同、和谐的发展方向。

下面从各地开展2008年度科研基金课题总体情况、2008年度科研基金课题调查结果汇总、我国医院图书馆取得的辉煌成绩、我国医院图书馆发展的主要影响因素、我国医院图书馆建设发展方向展望五个方面，报告学会组织开展2008年度科研基金课题情况。

（一）基本情况

1. 2008年度科研基金课题的确立

年初，通过征求和汇总各位常委的意见和建议，学会领导及各地常委经过反复协商研究，制定下发了《中国图书馆学会医院图书馆委员会设立2008年度科学研究基金有关规定》，确立《中国医院（学）图书馆情况调查》为学会2008年度科研基金项目研究课题，同时根据各地的申报，审批了18个省、市、自治区的科研立项申请。

2. 2008年度科研基金课题调查项目设计与软件开发

学会秘书处专门设计了《中国医院（学）图书馆情况调查表》，安排专业人员开发了《中国医院（学）图书馆情况调查表》系统软件，为快速汇总各项数据结果提供极大的方便。调查采取按地区、分级别、有组织地分发调查软件，其调查内容涉及医院图书馆总体情况、文献资源情况、设备情况、年度经费情况、信息资源利用情况、数字资源建设情况、资源共建共享和信息素质教育8个方面，共137个问题，问题方式采用单选题、多选题和填空等问卷调查方式。

3. 2008 年度科研基金课题完成情况

各地开展科研课题总体情况是:18 个省市的分会按照省、市、县行政区划层次,积极进行组织宣传与落实,认真开展科研调查,进行问卷发放及回收。目前提交结题报告的有 11 个省市分会(见表 1)。各地利用电子邮件、传真、挂号信件等各种形式完成调查问卷发放,部分是通过电话采访、面访完成问卷调查。11 个省市分会本次调查发放问卷共 1133 份,回收有效问卷 783 份,平均回收率 68.76%。

表 1　各地开展科研基金课题总体情况表

序号	批准省市	负责人	发放问卷	问卷回收	结题报告	经费发放
1	北京	吴晓海	127	79	已提交	3000 元
2	广东	陈励和	350	270	已提交	3000 元
3	浙江	包家元	167	152	已提交	3000 元
4	上海	邱　坚	83	63	已提交	3000 元
5	河北	江建忠	61	38	已提交	3000 元
6	海南	赵金华	63	58	已提交	3000 元
7	辽宁	杨　华	58	23	已提交	3000 元
8	黑龙江	仰曙芬	34	32	已提交	3000 元
9	吉林	伦志军	37	17	已提交	3000 元
10	山西	张建功	125	31	已提交	3000 元
11	陕西	王秉康	28	20	已提交	3000 元
12	天津	张旭昶			未提交	3000 元
13	湖南	郭　娅			未提交	3000 元
14	重庆	李林平			未提交	3000 元
15	广西	李向红			未提交	3000 元

续表

序号	批准省市	负责人	发放问卷	问卷回收	结题报告	经费发放
16	云南	杨琼芝			未提交	3000 元
17	四川	冯泽伦			未提交	3000 元
18	山东	周日光			未提交	3000 元
合计			1133	783		51 000 元

* 海南回收的 58 份问卷中有 25 家医院设有图书馆

(二)2008 年度科研基金课题调查结果

根据各地结题报告、统计报表和回收的全国 783 有效问卷，有选择性地挑选几项归纳分析如下：

1. 人员编制及构成

本次调查有些省市对调查对象进行了医院级别的分类，通常分为三级和二级医院，但有些省市统计对象不分级别，造成了统计数据不具可比性。表 1 中列出的只是各地调查的总体情况，没有加以细分。本科学历和大专学历占主流，分别是 29.84% 和 36.88%，博士学历只占 0.37%（见表 2）。

表 2　全国 11 个省市医院图书馆人员情况

地区	工作人员	平均人数	博士	硕士	本科	大专	其他	被调查馆数
北京	307	3.88	3	20	106	96	82	79
河北	115	3.05		5	44	44	22	38
广东	556	2.06		18	112	218	208	270
黑龙江	124	3.96		6	57	47	15	32
山西	63	3.15		0	28	22	13	31

续表

地区	工作人员	平均人数	博士	硕士	本科	大专	其他	被调查馆数
陕西	94	4.7		8	33	32	21	20
上海	146	2.32	2	9	48	44	43	63
海南	59	2.36		0	12	16	31	25
浙江	287	1.89		1	68	128	90	152
辽宁	84	3.65	2	7	33	32	10	23
吉林	52	3		4	22	17	10	17
合计	1887	2.52	7	78	563	696	545	750
比例(%)			0.37	4.13	29.84	36.88	28.88	

2. 专业技术职务情况

专业技术职务比例构成为高级专业技术职务占 11.55%；中级职务占 42.13%；初级职务占 29.31%；没有评定专业技术职务的占 16.48%（见表 3）。

表 3　全国 11 个省市医院图书馆人员职称情况

地区	工作人员	正高	副高	中级	初级	其他	被调查馆数
北京	307	3	25	135	66	78	79
河北	115	0	16	57	23	9	38
广东	556	12	45	188	229	82	270
黑龙江	124	4	29	58	28	5	32
山西	63	1	8	31	11	12	31
陕西	94	0	9	52	13	20	20
上海	146	1	18	62	42	23	63
海南	59	1	1	18	19	20	25

续表

地区	工作人员	正高	副高	中级	初级	其他	被调查馆数
浙江	287	1	17	118	104	47	152
辽宁	84	2	13	49	12	8	23
吉林	52	2	10	27	6	7	17
合计	1887	27	191	795	553	311	750
比例(%)		1.43	10.12	42.13	29.31	16.48	

3. 馆舍面积

根据统计显示，所统计的700多家医院图书馆馆舍平均面积约230平方米，最大的医院图书馆馆舍面积3160平方米，馆舍面积1000平方米以上的共有19家，最小的图书馆面积只有10平方米（见表4）。

表4　全国11个省市医院图书馆馆舍面积情况（m^2）

地区	面积	平均	最大面积	最小面积	被调查馆数
北京	31 590	400	2500	12	79
河北	10 080	265	1600	40	38
广东	46 853	173.5	1500	10	270
黑龙江	10 062	314	2002	20	32
山西	4427	142.8	786	20	31
陕西	7501	375	1010	90	20
上海	14 699	233.3	1500	16	63
海南	5903.97	236.16	1773	20	25
浙江	31 379	206.4	1100	12	152
辽宁		0	1200	40	23
吉林	7266	427	3160	70	17
合计	169 760.97				750

* 辽宁省没有给出总面积

表5　11个省市馆舍面积1000平方米以上的医院图书馆

地区	医院名称	面积(m^2)
北京	海军总医院图书馆	2500
	空军总医院医学图书馆	2700
上海	第一人民医院	1050
	瑞金医院	1500
	海军医学研究所	1200
广东	中山大学肿瘤防治中心图书馆	1000
	广州中医药大学第一附属医院图书馆	1000
海南省	海南省人民医院	1773
河北省	河北医科大学第二医院图书馆	1600
	解放军和平医院图书馆	1600
	邢台市第三医院图书馆	1000
黑龙江	哈尔滨医科大学附属第二医院	1300
	哈尔滨医科大学附属第三医院	1000
	黑龙江省中医院	2002
吉林	吉林省四平中心医院图书馆	3160
辽宁	中国医科大学附属盛京医院图书馆	1000
陕西	共有三家医院图书馆	1000
浙江	绍兴市人民医院	1000
	浙江大学医学院附属第一医院	1000
	浙江省中医院	1050

4. 资源建设方面

(1)馆藏数量和重点

全国医院图书馆以收藏中文书、中文期刊及外文期刊为主，在经费紧缺的情况下首选订购中文刊。电子馆藏数量无法确切统计，因此馆藏书量只统计各馆印刷本馆藏。三级医院以中外文期刊为收藏重点；二级医院以中文书和中文期刊为收藏重点。

从11个省市统计结果分析，三级医院（460家）图书馆藏书在1000万册以上，平均每个馆藏书约2万册：二级医院图书馆藏书约为220万册，平均每个馆藏书约8000册。

综合医院图书馆馆藏普遍大于专科医院和中医医院图书馆的馆藏。由于近年电子资源和数据库的普及，同时受到馆舍面积的压力，一些医院图书馆在印刷本期刊的种类和数量上有所减少，不少图书馆剔除了部分过刊，使得馆藏数量有所下降（见表6）。

表6　全国11个省市医院图书馆藏数量统计（万册）

地区	平均	中文书	外文书	中文刊	外文刊	总收藏量	被调查馆数
北京	2.39	90.12	17.13	43.92	37.06	188.62	79
河北	2.16	34.37	4.9	38.12	8.13	87.40	38
广东	1.26	1.03	15.49			349.96	270
黑龙江	2.25	28.01	46.55	31.85	7.11	72.03	32
山西	1.35	24.98	1.91	11.64	3.31	41.86	31
陕西	4.30	36.57	6.66	26.50	16.74	86.00	20
上海	1.55	46.17	7.55	21.99	18.07	97.58	63
海南	1.52	10.08	0.4	21.28	5.76	38.04	25
浙江	0.98	69.99	2.95	44.06	28.39	149.21	152
辽宁							23
吉林	6.6	27.60	10.58	18.72	55.35	112.26	17
合计		368.92	114.12	258.08	179.92	1222.96	750

* 广东省未给出中文刊和外文期刊收藏比例

* 辽宁省未给出资源建设情况

(2)资源建设投入

总体来看目前三级医院的经费主要是购买外文期刊和网络数据库,约占全部经费的75%以上,其中外文期刊约占65%,网络数据库约占12%。中文图书占6%左右,外文图书约占4%,中文期刊占8%。随着数据库的普及,期刊种类减少很快,特别是外文期刊种类下降幅度较大,节省下来的经费主要用于购买数据库。

二级医院主要还是以中文图书和期刊为收藏重点,订购的外文图书和期刊很少,用于订购中文图书的经费占30%左右,用于中文期刊的费用占40%左右,外文图书基本为零,外文期刊占7%左右,光盘和网络数据库占20%以上(见表7)。

表7　全国11个省市医院图书馆资源投入统计(万元)

地区	平均	年度经费	中文书	外文书	中文刊	外文刊	数据库	最多	最少
北京	26.39	2085	152.07	97.83	133.26	1255.27	263.94	240	0.3
河北	5.79	220	30.60	6.80	33.34	89.80	59.42	43	1
广东	17.07	4610						110	0.03
黑龙江	13.02	416	29.28	0.10	61.45	189.33		120	0.8
山西	5.26	163	46.00	0.10	57.20	10.80	48.00		
陕西	17.65	353	38.99	23.17	94.14	164.58	15.2		
上海	17.62	1110	99.49	110.44	133.79	569.28	19.72		
海南	6.15	153							
浙江	12.12	1842	92.80	18.79	305.93	1030.69	217.02	160	0.05
辽宁	1.99								
吉林	11.18	190	27.60	10.58	18.73	55.35	27	40	3

* 广东和辽宁未给出单项费用

(3)数字资源建设情况

医院图书馆现有文献资源数据库类型均以购买为主,自建为辅，约有8%的图书馆均未购买任何类型的数据库。自建库主要是馆藏书目数据库和各地区医院图书馆外文期刊全文数据库。使用范围也是仅限于单位局域网和图书馆内部局域网，服务方式以免费使用为主。

购买的数据库种类主要有：CNKI（50%的图书馆）；万方数据（24%的图书馆）；维普（8%的图书馆）；书生（8%的图书馆）；超星（6%的图书馆）；CMCC（12%的图书馆）；CBM（13%的图书馆）；MEDLINE（14%）；EMCC（8%）；另有一些较大的三级医院图书馆购买了MDConsult、PML、LWW。购买方式主要是镜像方式。服务范围也主要以内网为主。

各地附属医院图书馆与本系统的医院图书馆实行电子资源共建共享服务，参加的附属医院每年缴纳一定的费用就可以使用学校图书馆大部分所购买的电子资源；还有的大学医学图书馆与本系统内的医院实现了网络的物理连接，这些医院的IP地址在学校的IP地址范围之内，所以这些图书馆可以免费使用学校图书馆购买的电子资源，但是只局限于在单位内部使用。

（4）医院图书馆自动化系统

医院图书馆采用的图书馆自动化管理系统主要集中在：金盘、丹诚、清大新洋、Sirsi、北邮、中国专业图书馆网等系统。

所调查的700余家医院图书馆中约有8%的图书馆建立了自己的网站，主要由图书馆的工作人员进行维护更新。

有少数专科医院图书馆以本专业为特点发展特色馆藏，并将这些特色馆藏进行数字化，另有相当数量的医院图书馆需要对馆藏进行数字化处理，但需要大馆或专业公司以少量的费用帮助其开展数字化工作。

（5）资源共建共享

在医院系统图书馆资源共建共享方面，大多数图书馆表示可以承担资源的收集整理工作和信息的发布工作；有20%的图书馆表示可以开展馆藏书目数据库和学科资源库的共建。对于共建共享方式问题,意见主要集中在参与共建的单位可以免费共享,另有一种观点认为应该通过建立联盟的方式开展共建共享工作。大多数的图书馆表示目前的资源使用费用给本馆造成很大的压力,越来越难以承受。

(6)信息素质教育

信息素质教育是本次调查的内容之一。绝大多数被调查的图书馆认为非常有必要开展信息素质教育课程,有 12% 的图书馆提出有经费保障开展信息素质的教育。对于信息素质教育的方式,有 63% 的图书馆认为应采取网络授课的方式,有 30% 的图书馆认为应开展短期培训班。

(三)小结

中国图书馆学会医院图书馆委员会 2008 年科学研究基金项目是学会成立以来首次设立的科学研究基金,也是中国医院图书馆行业有史以来投入最大、规模最大、范围最广、调查内容最全面、问卷回收率最高、影响力最强、参与科研人员最多的一次科研课题。在组织开展的过程中,得到广大会员单位的大力支持与协作,起到营造学会良好的科研氛围、宣传学会、调动会员科研热情的科研目的。

1. 本次调研的特点

(1)投入最大

我国医院图书馆行业有史以来投入最大的一次调研工作。由于我会资金缺乏,为搞好本次调研,学会秘书处向本会挂靠单位解放军医学图书馆申请建立学会科研基金专项资金,解放军医学图书馆在经费十分紧张的情况下拨专款 8 万元用于学会课题调研,各地分会通过申请立项的方式获得项目经费,并抽出专人开展工作,为此付出了极大的努力。

（2）规模最大、范围最广

本次调查涉及全国18个省市、数千家医院，重点涉及二级以上医院的图书馆，目前回收问卷率达68%以上。仅北京地区调查对象涉及18个区县，共177家医院；上海地区调查对象按照院校、部队、二级以上、中医药系统及疾病预防控制中心等系统的500张床以上的医院开展调查；浙江分级别对152家医院进行了调查。这样大规模的统计在我国医院图书馆历史上是没有过的。

（3）调查内容最全面

本次调查问卷采取软件设计的方式，内容包含8个方面、涉及200多个问题项目。这些项目既包含了规模较大的医院图书馆工作范围，也考虑了规模较小医院图书馆实际情况，可以说项目涉及基本涵盖图书馆学的方方面面。

（4）参与人数最多

据不完全统计，本次调查参与直接调查的人数达1000余人，总回收的调研报告达到近90余份，仅北京地区的子报告13份；上海地区7份；广东省13份。

2. 科研人员精神可嘉

大部分课题负责人及参与人员在完成本职工作、克服资金不足的同时，牺牲大量业余时间亲自深入地区、县级医院亲自核实并组织有关人员探讨问题原因，掌握大量基层一线资料。浙江分会的浙江大学医学院附属妇产科医院图书馆包家元馆长接到课题后，立即制定出切实可行的工作计划，积极争取浙江卫生厅的大力支持，不仅亲自深入医院核查核实数据，为深入掌握有关情况，尽管本身业务繁忙，为学会举办好本次学术研讨会联系食宿等有关事宜而尽心尽力忙碌的同时，仍然坚持亲自制作课题报告；由于重庆地理特殊、人员思想认识及经济欠发达等情况，重庆医科大学附属儿童医院图书馆副馆长李林平利用业余时间自掏交通费用深入偏僻地区医院图书馆进行资料统计。上海交通大学医学院附属瑞金医院负责人邱坚、首都医科大学附属北京友谊医院馆长吴晓海、广州市妇婴医院图书馆馆长陈励和等带领的科研组人员对待科研高度负责，多方沟通联系，为学会开展科研课题及时提供大量的第一手资料与经验指导。山西医科大学附属汾阳医院图书馆主任张建功在课题报告中，代表经济欠发达地区发出了迫切期望资源共享与请求援助的呼声。他们善于发现问题、探究问题及解决问题的能力与精神值得仿效和学习，学会将在全部课题报告汇总以后，对科研人员进行评奖，进行精神鼓励。另外由于一部分单位未及时提交结题报告和数据库，原计划与年会论文集一起出版的愿望未能实现，课题报告另行结集出版或网站发布，未完成单位或完成不理想的单位仍然需要向完成情况良好的单位学习，继续完成课题任务，截止时间为明年 5 月份。

3. 切实达到宣传学会的目的

中国图书馆学会医院图书馆委员会是于 1991 年 6 月 20 日经中国图书馆学会批准，由中华人民共和国民政部依法登记注册成立的全国性、学术性群众团体，是在中国图书馆学会领导下的国家二级学会。自成立以来，该学会注重加强学会的宣传力度，使学会队伍不断发展壮大，至今成立省级分会共 24 个，委员馆共有 130 个，已胜利召开 15 届学术会议。但由于对外扩大宣传的力度不够深入，会员单位覆盖面不广，区域比较局限，没有向全国范围内纵向发展，许多单位处在新老交替的状态，新上任医院图书馆负责人对学会的历史渊源不甚明了，对学会的支持和宣传力度不够。借此科研基金课题之际，学会收获了良好的宣传效果。目前通过第六届委员会换届改选，委员馆近 200 个，会员馆近 2000 个，为学会生存和发展提供极大的出路与途径。

（四）科研基金课题存在的不足与问题

1. 科研基金课题调查广泛、深入程度不够根据卫生部统计信息中心发布的《2007年我国卫生事业发展统计公报》数据表明：截至2006年末，全国约有卫生机构总数29.9万个，其中全国各地区医院等级19 246万个医院，其中包含一、二、三等级医院约有8934个；近200个医学科研机构；妇幼保健院1605个；数万乡镇医院。以上近10 000个医疗机构建有专门的图书馆（室）或信息科或信息中心，购买纸本或电子医学资源，承担为科研教学、临床等提供信息的任务。

根据以上数据统计和课题开展情况比较，在本次科研课题中，由于部分地区及人员的思想重视程度不够、跟踪问效的决心不大和物质资金条件匮乏等各种主客观原因，发放问卷的范围不够广泛，调查情况不够深入，并未完全达到预期科研设想，课题成本过高，部分地区科研基金经费利用率不高。

2. 部分会员科研认识和参与意识不强

由于医院图书馆长期处于不被关注、不被重视的边缘化境地，造成很多医院图书馆人员对待科研的态度冷漠，缺乏科研服务意识、科研参与意识、科研创新意识。因此，各地都或多或少存在拒绝调查、填写调查数据不准确的现象，有些未通过深入调查就提交课题报告，部分调查报告反馈分析能力较弱。

3. 学会科研能力及指导科研能力有待加强

虽然“科研兴会”的创新理念一直是学会一贯坚持的办会宗旨，重视和加强学术交流及科研工作建设，开展以课题理论研究、课题开发和学术交流为重点，以服务保障为主的学术科研活动，提升了学会地位和影响力、凝聚力，为创办特色学会，进一步谋求学会的创新和发展，奠定了坚实的基础。但由于人力、物力及思想意识等原因，学会组织科研能力及指导科研能力都亟待提高，切实加强科研课题的可行性论证、部署程序规定、跟踪问效、宏观科研指导建议、有效监督与督促，保证科研基金课题的成功完成。

4. 科研基金课题价值所在

尽管科研基金课题存在一些不足与问题，但各地有效问卷回收率相对比较高，回答问卷的医院图书馆在本地区范围内具有代表性，因此所反映的问题仍然具有极其重要的横向比较、纵向深入研究、探讨的价值与意义。

（五）我国医院图书馆建设发展方向展望

1. 加大制度建设力度

尽管国务院和中央各部委制定了一些图书馆行政法规，一些省市如浙江、广东分会从自身实际出发相继在医院图书馆制度建设方面做出有益的探索，使本地区医院图书馆工作有所依据。但随着高新技术的不断发展，医院图书馆制度规定制订和内容已与目前医院图书馆的发展要求不相适应，尤其在文献经费、权利义务、职称评定、资格认证、业务标准、工作程序、资源共享、数字信息传播等方面亟须出台有关规定加以保障，加强开展工作的自主性和稳定性。

2. 增强服务功能，提升地位

长期以来，医院图书馆以及工作人员一直得不到认可和重视，主要原因在于医院图书馆以及工作人员的服务功能发挥弱化。有为才能有位，争取在服务时间、服务对象、服务方式、服务范围、服务手段和服务态度等有关方面进行改进创新，本着以人为本的服务理念，提供高效便捷的读者服务，从而提升地位与影响力。

3. 借鉴西方成熟的资格认证标准

在西方国家，馆员的定义是指有硕士学位的图书馆专业人员，其资格认证标准要求非常高，这同在西方获得按照医生医嘱进行治疗的护士资格，必须比医生多读三年医学课程，才能具备资格的道理相同。只有提高馆员进门的门槛，才能从根本上切实提高馆员素质和地位。

4. 以学会为依托，有效整合共享资源

学会的网站已经于本届年会前正式开通，学会挂靠单位解放军医学图书馆决定放弃利益之权衡，真心实意为广大会员做实事、做好事，免费对会员馆授权共享本馆信息化的全文服务，大家盼望、探讨已久的课题，现在终于实现了，这是广大会员的一件幸事。不过，以后的资源整合共享任重道远，还要依靠大家齐心协力一起开辟好这条道路，开全国图书馆行业之先河。在调查结果中，有一半以上的图书馆期望也自愿承担有关资源共享整合任务，年会结束后，学会将组织、联络有关单位进行工作任务分工、规则制定等有关事项，共同促进以学会为主导、以医院图书馆为主体、有关企业与社会各界主动参与支持，充分利用与整合现有馆藏和信息资源共享的发展进程。

更深层次的科学研究探讨有待后续工作和广大会员共同推向深入，推动学会的科研建设，以谋求学会更加和谐发展和更加灿烂辉煌的明天。

中小学图书馆

中小学图书馆是我国图书馆事业的重要组成部分，是中小学校的书刊资料信息中心，是学校教育、教学和教育科学研究不可或缺的重要机构。中小学图书馆所面对的除教师外，是特定年龄段、知识能力大体相当的群体，与公共图书馆有着极大的差异。

相关领导非常重视中小学图书馆的建设、管理和使用，尤其强调广大中小学生要养成读书好、好读书、读好书的良好阅读观念与习惯。中国图书馆学会所属中小学图书馆委员会自成立以来，为了让广大中小学生获取优秀精神食粮，曾组织了六届全国中小学生“让精神世界更美好”读书活动、“爱祖国、爱澳门”读书宣传教育活动、“让精神世界更美好——我们是新世纪主人”读书教育活动、“祖国的宝岛台湾”宣传教育活动、学习贯彻中共中央颁发的《公民道德建设实施纲要》读书教育活动等。读书活动受到了广大师生的欢迎,也得到领导同志的支持与鼓励。李鹏同志曾为读书活动题词:“让精神世界更美好”,王震、李铁映、孙起孟、杨成武、康世恩、杨海波、柳斌、滕藤、邹时炎、张文松、徐光春等领导同志出席过在北京人民大会堂举办的读书活动开幕式或担任过读书活动组委会主任。李铁映同志在接见参加读书活动的革命传统校校长代表时曾指示说:“希望‘让精神世界更美好’读书活动,像滚雪球一样,越滚越大。”前不久,柳斌同志在中国图书馆学会中小学图书馆委员会的一次全国会议上强调阅读的重要时指出:“‘阅读改变人生’是一个真理。对于一个人来讲是阅读改变人生,对于一个社会一个民族来讲是阅读改变社会,阅读改变一个民族。”

1999年颁布《中共中央国务院关于深化教育改革全面推进素质教育的决定》。温家宝总理在十一次全国人大政府工作报告中指出,办好各级各类教育,必须抓好三项工作,第一项就是“要全面实施素质教育,推进教育改革创新”。周济部长说:“《义务教育法》……将素质教育上升为法律的规定”,“党中央、国务院始终把全面贯彻党的教育方针、全面推进素质教育摆在教育工作的首位,并鲜明地提出,素质教育是全部教育工作的主题。……全面贯彻教育方针、全面实施素质教育是关系社会主义前途命运和中华民族伟大复兴的一件大事。”在教育战线全面推进实施素质教育,要求各级各类中小学校面向全体学生,加强学生思想品德教育,重视培养学生的创新精神和实践能力,为学生全面发展和终身发展奠定基础。教育观念的转变,促使中小学校摆脱了对图书馆重视不足的状况,加快了全国中小学图书馆的建设与发展。

2003年教育部颁发了《中小学图书馆(室)规程(修订)》。要求全国教育部门“要进一步加强中小学图书管理工作,把加强中小学图书馆(室)的建设,使其规范化、科学化和现代化,作为教育图书管理工作的一项中心工作来抓"。并对中小学图书馆(室)建设的经费投入、信息化建设、数字图书馆和图书资源中心的建设、开展读书活动、提高使用效益、管理队伍的建设、工作人员的待遇、专业技术职务聘任、理顺和完善教育图书供应体制、经济发达地区对经济欠发达地区中小学图书的对口支援工作、达标验收标准等作出了明确规定。同时要求"各地教育行政部门要加强对中小学图书管理工作和中小学图书馆(室)建设工作的检查指导,并将其列为对中小学校综合督导评估的一项内容"。《中小学图书馆(室)规程(修订)》的颁发,使得全国中小学图书馆的建设与发展出现了全新面貌,一批中小学图书馆实现了规范化、科学化和现代化的要求,并办出自己的特色,教育部发展规划司也开始将各地中小学图书馆的面积、纸质图书和电子图书藏书量纳入中国教育事业发展统计的范畴。

(一)馆藏数量与质量的变化与发展

近年来,随着我国计划生育政策的广泛施行,义务教育阶段的学生人数逐年减少。2004 年至 2007 年全国在校生数量,小学由112 462 256人减少为105 640 027人,减少了 682 万人;普通初中由64 750 006人减少为57 208 992人,减少了 754 万人。相应的小学校也由394 183 所减少为320 061 所,普通初中校由63 060 所减少为59 109所。学校数量和在校生数量减少了,但是中小学图书馆的面积却没有减少,人均面积还略有增加。普通高中校数量略有减少,由15 998 所减为15 618 所;在校学生数量却由22 203 701 人增为25 224 008人,增加了 302 万人。普通高中图书馆的人均面积增加了11%,图书馆校均面积达到了 680 平方米。

随着教育观念的转变和政府投入的增加,全国中小学校纸质图书和电子图书的藏书量有了较大增长。2004 年至 2006 年纸质图书的藏书数量,小学由1 421 451 482册增长为1 482 221 928册,增加了

6077 万册;普通初中由856 511 328册增长为894 932 516册,增加了3842 万册;普通高中由 2004 年的487 087 208册增长为 2007 年的587 729 487册,增加了10 064万册。2004 年至 2006 年电子图书的藏书数量,小学由19 768 156片增长为88 969 651片,增加了 6920 万片;普通初中由10 586 790片增长为56 165 091片,增加了 4558 万片;普通高中由15 516 992片增长为79 888 917片,增加了 6437 万片。电子图书的增加与中小学校计算机数量的不断增加是密不可分的,截至2007 年底,中小学校每百名学生拥有计算机台数,小学为 4.0 台,普通初中为 5.9 台;普通高中 2006 年每百名学生拥有计算机台数为10.58 台。

虽然近年来中小学校图书馆纸质图书和电子图书的藏书量有了较大增长,但是就全国而言,东部、中部、西部的发展和城市、县镇、农村的发展存在着差异。如 2006 年农村小学生人均拥有纸质图书册数,北京已高达人均 56.66 册,青海则人均只有 9.45 册;城市普通高中校人均拥有纸质图书册数,北京、上海、广东分别为 76.34 册、50.94 册、44.38 册,而宁夏、新疆、贵州则分别为 17.40 册、21.54 册、27.30 册。

但是也有例外,如 2006 年城市中小学校电子图书的人均片数青海省城市小学 2.46 片、普通高中 29.14 片,均远远高于北京城市小学 1.64 片、普通高中 4.61 片和上海城市小学 1.07 片、普通高中 1.83 片;而城市普通初中电子图书的人均片数情况却恰恰相反,青海省普通初中 0.05 片远远低于北京普通初中 0.55 片、上海普通初中 1.04 片。国家和当地政府加大教育经费的投入是增长的主要原因,出现例外主要原因是经济发达地区的多方扶持,以及社会各界对西部捐赠的不平衡所形成的。中小学图书馆委员会也向甘肃省中小学校捐赠了一万多册优秀读物。

（二）提高图书馆教师素质的培训

发展中小学图书馆事业，建设现代化的中小学图书馆，最重要的是要培养一支高素质、爱岗敬业、具有奉献精神的高素质图书馆教师队伍。

中小学校图书馆工作人员与公共图书馆有很大不同，大多不是图书馆专业出身，基本上是已经从事过多年其他学科教育转行的教师。目前，我国高校图书馆学专业规模有限，不可能为中小学图书馆输送大批专业人才。加之图书馆网络化、数字图书馆的高速发展，提高中小学图书馆馆长的现代化管理水平及图书馆教师的业务水平就显得尤为迫切和重要。

中小学图书馆委员会每年都对地区教育部门有关干部和图书馆馆长、教师进行业务培训。培训的内容很广，包括：现代学校图书馆的理念与发展趋势；服务学科教学、课程改革、教师教学科研创新的新方法、新途径；建设学校个性化课程资源中心；校本教材的开发；计算机管理和电子阅览室业务；中小学图书馆的资源建设与共享；建设特色化的中小学图书馆；以及网络化图书馆所需要的服务观念、服务模式、服务范畴、服务手段、服务功能、读者教育等。与此同时，进行有针对性的征文评比和征集优秀阅读指导课教学案例。每次培训期间都安排参观考察会址所在的优秀中小学图书馆，并进行现场交流与研讨。从 2004 年至今中小学图书馆委员会已培训了 2700 多名中小学图书馆工作人员，推动了中小学图书馆人员素质的提高和现代化建设。

各地主管中小学图书馆工作的装备部门，对本地区的图书馆教师也都进行了不同方式的培训，有条件的地区还选送部分中小学校图书馆教师到高校图书馆学科专业去进修。

(三)图书馆在实施新课标中的重要作用

周济部长说,新课标的实施,使基础教育的"教育观念和培养模式正在发生深刻变革,……对于全面推进素质教育奠定了坚实基础"。

教育部制定的中小学各学科课程标准,要求在各个学科课程教学中,培养学生正确认识学科与自然界、人类社会的关系;认识学科的科学价值、文化价值。在学习中提倡自主学习,开展探究活动,学会交流与合作,加强阅读自学,把学到的知识技能联系生活实践、社会实践,学会综合运用。让学生在实践中体验科学探究的过程,了解科学探究的方法,培养他们搜集和处理科学信息的能力、获取新知识的能力、批判性思维的能力、创新意识和实践能力。从而使学生形成良好的思想道德素质和科学文化素质,为终身学习和个性化发展奠定基础。

普通高中各学科课程标准在"课程资源的利用与开发"模块中,都强调了利用图书馆的重要性。要求学科教师、学生充分利用学校图书馆、阅览室、语言实验室和音像设备等基本的和常规的教学设施和书籍、画册、音像制品、杂志报纸等资料,认识各学科课程所提倡体现的文化价值,使学生在学科探究的过程中,学会查阅资料、收集信息、阅读文献。对不同的内容,可采取不同的教学和学习方式,例如采用阅读理解、讨论交流、专题选讲学科历史、撰写论文等方式,使学生不断获得新的知识和方法。

为保障新课标实施的有效落实,学校图书馆普遍增加了科普读物、专业书籍和报纸杂志的种类和数量,扩大音像资料和计算机多媒体教学软件的收藏量,并通过调整和延长服务时间、创设优雅舒适环境、改变服务方式、方便学生借阅等措施提高使用效率,切实为提高学生的科学素养服务。

图书馆教师凭借图书馆本身的优势,按新课标教学模块要求,为各学科教师开发课程资源，编制专题文摘、索引，制作各学科所需要的专题课件。搜集整理存贮课改最新信息，关注并收藏本校教师的论文、专著、教学公开课教案、教学设计等，营造开放式新型教学、教科研空间，为学科教师相互交流、共同提高服务。

配合学校新课程改革的实施，中小学图书馆普遍开设阅读指导课。通过阅读指导课，让学生了解中国传统优秀文化，激发热爱祖国的情结，对学生进行思想品德教育；培养学生正确的阅读方法，掌握获取知识的正确途径；提高课外阅读兴趣，归纳阅读方法，养成良好阅读习惯；开拓学生视野，对课上内容作必要的补充和加深理解；促使学生善于利用图书馆各项资源，累积丰富知识及生活经验的应用，并融入各科学习；帮助学生获取新的学习方法，培养自学能力；教会学生掌握检索方法，培养利用图书馆的习惯，为终生学习奠定基础。除此之外，利用阅读指导课，帮助学生、启发学生，使他们勤于思考，善于交流研讨，联系学过的已有知识，通过研讨解决问题，获取能力，养成对问题深入探究的良好习惯，培养他们的创新精神和创新能力，懂得合作的重要。阅读给予阅读者极其宽裕的思考空间，可以极大地提高阅读者的思维能力，为他们学习各科知识奠定良好的基础。

中小学图书馆委员会每年进行优秀阅读指导课教学案例的评比，近几年上报评比的阅读指导课教学案例就有4000多个。获奖的优秀阅读指导课教学案例，有一部分由中小学图书馆委员会所属的《中小学图书情报世界》杂志制成光盘，随杂志赠送，起到很好的宣传示范作用。

（四）组织开展多种形式的活动

加强对广大中小学生读书活动的组织和指导，引导他们通过健康有益、形式活泼的读书活动，从优秀书籍中汲取精神养料，不但可以提高他们的思想道德和文化科学水平，也可以丰富学生的课余生活。许多中小学校图书馆利用重大节日、双休日、纪念日、节假日、寒暑假，举办读书征文、朗诵会、辩论会、演讲比赛、读书夏令营、读书知识竞赛、读书心得交流会等活动。组织有针对性的专类图书评价会、作家报告会、专题报告会。组织书画比赛、科技小制作活动，以及家长学习班、家教知识讲座、亲子共读活动等。

各种形式的佳篇朗读、名著朗读、系列故事朗读和辩论会、演讲比赛活动，为学生创造了参与锻炼、展示才华的平台，使学生有机会锻炼自己，敢于在同学面前表演、演讲、发表意见和见解，提高学生自身的思考能力、表达能力和应变能力。

中小学图书馆委员会一直把组织中小学生参加各种有益活动作为工作的重点之一。近年来，组织了“树社会主义荣辱观 让精神世界更美好”读书征文活动；“学习解放军 让精神世界更美好” 纪念中国人民解放军建军 80 周年读书征文奖励活动；“梦想与光荣 让精神世界更美好”迎接北京奥运会读书征文奖励活动等。配合活动的开展，在活动网站上为学生提供15 000册优秀图书，供学生免费阅览。通过组织开展这些内容丰富、形式活泼的读书教育活动，有益于激发中小学生好读书、读好书和学习掌握现代信息技术的兴趣爱好，提高实践能力，培养创新精神，丰富他们的假期生活。

中小学图书馆委员会近几年暑期都组织中小学生进行文学作品创作活动（诗歌、小小说、散文、小剧本等）、艺术作品创作活动（书法、绘画、摄影、摄像等）、电脑作品设计创作活动（绘画、动画、网页、程序设计、电子报刊）、校报校刊网上展评活动（内容、主题、题材不限，篇幅不少于三页，具备报刊的基本要素）。要求参加的单位组织学生利用暑期，结合日常的教育教学内容和暑期的阅读及实践活动，鼓励和指导学生开展作品自创活动，以培养学生的探索精神、动手能力和创新意识。有近 70 万人次中小学生参加上述各种活动。

此外，在上海、广州、北京、成都和武汉五个城市各选取了 15 所计算机教室符合条件要求的中学校，集体参加“迎北京奥运——E-Lab——网上体育知识问答奖励活动”和“E-Lab——电子体育运动会”活动。

通过几轮选拔，五个城市各选出96名选手参加E-Sports电子体育运动会的决赛。决赛分别在五个城市举行，各赛出三项比赛的冠军3名，亚军3名，季军6名。学生们参赛热情高涨，看着投影大屏幕高喊加油，就像到了真正的运动场一样。通过让中学生参加健康有益的网上电子体育运动会，促进了他们相互理解、团结合作、积极向上、勇于拼搏的精神，使他们充分享受到数字娱乐为学习、生活所带来的轻松和挑战。

附表：

全国小学校图书馆基本情况统计

	学校所数	学生人数	图书室面积平方米	人均平方米	藏书册数	人均册数	电子图书片数	人均片数
2004	394 183	112 462 256	13 537 276	0.12	1 421 451 482	12.64	19 768 156	0.18
2005	366 213	108 640 655	13 474 613	0.124	1 479 450 009	13.62	54 213 642	0.5
2006	341 639	107 115 346	13 409 819	0.125	1 482 221 928	13.84	88 969 651	0.83
城市	16 999	16 035 689	1 850 541	0.12	269 796 441	16.82	37 783 058	2.36
县镇	29 588	24 318 225	2 253 521	0.1	335 646 090	13.8	18 823 142	0.77
农村	295 052	66 761 432	9 305 757	0.14	876 779 397	13.13	32 363 451	0.48
东部	103 658	39 248 825	5 655 312	0.14	633 206 225	16.13	13 060 499	0.33
中部	151 242	36 963 702	4 770 990	0.13	470 307 787	12.72	4 000 603	0.11
西部	139 283	36 249 729	3 110 974	0.09	317 937 470	8.77	2 707 054	0.07
2007	320 061	105 640 027	13 302 302	0.126	1 487 034 984	14.08	169 574 005	1.61
城市	17 535	17 610 813	1 990 374	0.11	293 285 060	16.65	49 229 601	2.8
县镇	30 942	25 521 904	2 439 250	0.1	357 694 340	14.02	26 922 591	1.05
农村	271 584	62 507 310	8 872 678	0.14	836 055 584	13.38	93 421 813	1.49

全国普通初中学校图书馆基本情况统计

	学校所数	学生人数	图书室面积平方米	人均平方米	藏书册数	人均册数	电子图书片数	人均片数
2004	63 060	64 750 006	6 820 961	0.11	856 511 328	13.23	10 586 790	0.16
2005	61 885	61 718 079	7 061 900	0.11	877 797 806	14.22	35 090 119	0.57
2006	60 550	59 373 792	7 261 346	0.12	894 932 516	15.07	56 165 091	0.95
城市	7190	9 501 015	1 535 546	0.16	135 932 501	14.31	20 957 754	2.21
县镇	18 077	24 236 201	2 627 098	0.11	330 448 550	13.63	19 828 822	0.82
农村	35 283	25 636 576	3 098 702	0.12	428 551 465	16.71	15 378 515	0.6
东部	19 325	21 341 992	3 409 152	0.16	404 985 339	18.98	38 446 006	1.8
中部	22 593	20 557 197	2 333 583	0.11	309 452 110	15.05	10 450 903	0.51
西部	18 632	17 474 603	1 518 611	0.09	180 495 067	10.33	7 268 182	0.42
2007	59 109	57 208 992	7 475 518	0.13	911 098 066	15.93	68 907 771	1.2
城市	7594	10 475 859	1 737 889	0.17	152 482 203	14.56	27 182 544	2.59
县镇	18 650	24 299 955	2 779 341	0.11	353 341 920	14.54	25 003 548	1.03
农村	32 865	22 433 178	2 958 288	0.13	405 273 943	18.07	16 721 679	0.75

全国普通高中学校图书馆基本情况统计

	学校所数	学生人数	图书室面积平方米	人均平方米	藏书册数	人均册数	电子图书片数	人均片数
2004	15 998	22 203 701	8 543 888	0.38	487 087 208	21.94	15 516 992	0.7
2005	16 092	24 090 901	9 394 712	0.39	526 657 527	21.86	47 794 085	1.98
2006	16 153	25 144 967	10 236 217	0.41	566 177 258	22.52	79 888 917	3.18
城市	5907	8 119 882	4 794 062	0.59	229 319 885	28.24	38 172 758	4.7
县镇	8086	14 704 178	4 785 181	0.33	285 235 494	19.4	37 286 295	2.54
农村	2160	2 320 898	656 974	0.28	51 621 879	22.24	4 429 864	1.91
东部	6142	9 857 739	5 449 852	0.55	280 998 720	28.51	40 962 716	4.16
中部	5177	8 745 486	2 849 706	0.33	152 641 104	17.45	20 214 002	2.31
西部	4834	6 541 742	1 936 659	0.3	132 537 434	20.26	18 712 199	2.86
2007	15 681	25 224 008	10 619 885	0.42	587 048 013	23.27	108 627 813	4.31
城市	6132	8 932 723	5 361 772	0.6	253 836 805	28.42	54 260 980	6.07
县镇	7637	14 198 003	4 634 001	0.33	283 971 388	20	45 275 610	3.19
农村	1912	2 093 282	624 112	0.3	49 239 820	23.52	9 091 223	4.34

工会图书馆

工会图书馆，包括全国各级工会组织、基层企事业工会以及省(区、市)总工会所属工会院校所有的图书馆、图书室和读书站。2007 年，工会图书馆以服务科学发展、服务职工群众为宗旨，在为职工群众提供便利阅读条件、丰富业余文化生活以及提高素质方面作出新的贡献。

(一)年度基本情况

截至 2007 年 9 月底，馆藏图书 1 万册以上的工会图书馆(室、站)有29 153个。其中，基层企业事业工会图书馆(室、站)14 769个；县及县级以上工会包括工业园区工会图书馆(室、站)14 384个。

(二)年度发展基本特点

1. 适应职工读书新需求，改善服务方式

长期以来，各级工会兴办各种类型的职工文化设施，包括职工图书馆、阅览室等，组织职工开展各种形式的读书学习活动，但存在数量不足、覆盖面不够广、难以满足职工多样化文化需求等问题。而且，因为各种原因，工会图书馆数量发生很大变化。以上海为例，80 年代初期基层工会图书馆的总量近10 000个，目前不到 2000 个。面对文化服务设施落后、公共文化产品供给严重不足，基层职工特别是农民工的文化素质状况以及阅读需求状况急需改善的现状，各级工会以及工会图书馆积极应对，改变工作方式，开展各种形式的职工读书学习活动。大连市总工会制作 100 个流动书柜，购买和募集 2 万余册图书，送到 20 个农民工相对集中的单位，大连中交一航局三公司在基层160 余个班组建立了图书角。工地上、轮船上到处都有图书角,职工随时随地都可以读到自己喜欢的书籍。福建通过征集读书名言、读书心得、读书征文,增加农民工的读书时间,提高农民工的读书兴趣;通过读书竞赛、读书报告、专家评书等活动,提高农民工的读书质量,提升农民工的读书品味;通过开办读书沙龙、兴趣小组,营造农民工团队学习氛围,拓宽农民工的读书空间。省总工会与省建设厅联合在建筑工地设立职工读书站、读书角,通过小型、分散、多样的读书形式,督促更多人读书,读更多的好书。特别是河南内黄县总工会组建了 60 家职工书屋,以书屋为平台,向广大职工传播先进文化,普及科技知识,引导职工"爱读书,读好书",丰富职工的精神文化生活。

2. 推广河南内黄建设职工书屋经验

内黄县是经济比较落后的县域,职工队伍知识结构偏低,公共文化服务设施缺乏,职工业余文化生活匮乏,县工会选择筹建"职工书屋",作为提升职工素质、活跃职工文化生活的重大举措,作为工会服务于县域经济社会发展的基本切入点。2006 年 11 月内黄县与工人出版社合作,筹建了第一个职工书屋,开展各种形式的职工读书活动,又成立"内黄县总工会流动书屋",面向基层村级工会、面向农民工集中的建筑工地等场所,定期送书到乡间农户,送书到厂矿工地,推动职工书屋在全县范围内的建设热潮。目前,全县已组建职工书屋 60 家,藏书 56 余万册,职工借阅量36 000余人次。

对工会以及工会图书馆学会来说,建设职工书屋,既是致力于提高职工队伍整体素质的现实需要,也是着眼于解决职工基本文化需求问题,使一线职工特别是农民工群体获得文化实惠的需要。工会图书馆委员会及全总宣教部向各地工会及工会图书馆推荐了河南内黄县建设职工书屋的经验。

3. 确立全国职工书屋建设目标和基本运作步骤

全国总工会(以下简称"全总")确立了今后五年建设职工书屋的目标:自 2008 年开始,全总每年投入 2000 万元建 1000 个书屋示范点，连续三年共投入6000万元专项资金在全国各地建设3000个职工书屋示范点，各地工会同时按合适的比例筹集配套资金用于这些示范点的建设，并且以这些示范点的建设推动职工书屋在全国更大范围开展，力争用5年左右的时间，在全国目前尚缺乏读书条件的基层企事业单位、社区等开办5万个职工书屋，逐步形成阅读条件比较完备、广泛覆盖职工群众的工会读书设施网络。

各省、自治区、直辖市总工会根据全总配给的名额，以企事业单位、工业园区、职工特别是农民工相对集中的乡（镇）村、重点项目工地为重点，选择职工书屋示范点，并向全总、工会图书馆学会申报；全总每年投入2000万职工书屋的专项资金，以配送图书形式分配到各职工书屋，由职工书屋图书配送中心根据核定的采购书目清单，征集采购图书，并运送到各“职工书屋”示范点；各地工会及地方工会图书馆学会每半年书面报告职工书屋建设运行情况，不定期报送书屋建设动态及其他有关情况，全总及全国工会图书馆学会每年对全国职工书屋建设情况作回顾和总结，不定期出工作简报。

4. 积极协助各地工会组织推动职工书屋建设

职工书屋计划一经推出就得到了各地工会、工会图书馆的积极响应和支持。北京、天津、内蒙、吉林、浙江、江苏、湖北、湖南、广西、四川、重庆、云南等地都提出自己的书屋建设计划。2007年，北京市将建300个职工书屋，未来的三年内，北京市将建1000个职工书屋。四川省将每年划拨90万元专项经费，力争用五年时间建设2250个职工书屋。江苏省计划用五年时间建设2500个职工书屋。职工书屋在江苏也称职工读书站，省总工会要求“全省有条件的乡镇、街道以及农民工人数相对集中的开发区、工业园区，都要普遍建立农民工读书站”。福建省明确未来五年建设1880个省级职工书屋，逐步健全和规范图书管理、图书借阅、图书更新等制度。各市总工会也都制定了本地目标。泉州市总工会三年内将投入100万元，用于建立市内百家企业职工书屋流动书库、建设数字图书馆城域网和大信息平台、奖励优秀读书团队、学习型班组和读书活动中贡献突出的工会主席。

（三）问题剖析及前景展望

1. 职工书屋持续发展的资金支持尚不明确

一些地方工会，特别是边远省份，职工书屋示范点的建设配套资金至今没有完全落实到位。全国职工书屋示范点的建设，按照全国总工会要求各省按1:1的比例配套书屋建设资金的要求，大多数的省级工会是与市县级工会、基层工会共同承担配套建设资金，一般为省级工会50%，市县级工会和基层工会50%。市县级工会和基层工会的资金筹集往往因为缺乏必要的督办措施而实际到位率偏低。而各省计划的本地职工书屋，绝大多数依靠各市县级工会和基层工会自筹资金，但在基层企业单位中，书屋建设经费的落实更多的与企业领导对书屋建设的认知程度和企业经营状况相关，这就使职工书屋今后的可持续发展存在着诸多不确定因素。此外，三年之后没有全国总工会的配套资金投入，各地工会职工书屋建设资金出处也变得不甚明朗。

2. 图书的数量、质量还不能满足职工需要

受资金所累，现有工会图书馆、图书室、职工书屋、读书站等有相当数量的书籍已很陈旧，甚至破损，比如金庸、古龙等的武侠书。印刷质量不高、或有盗版之嫌的图书也不鲜见。福建一些企业反映，因为经费有限且图书价格过高，企业一年也就新购图书杂志两次，总计不超2000元，有时也会进些盗版的，因为便宜。而因为没有新书补充，有限的品种中受职工欢迎的书自然就破损严重。但是这些破旧、盗版书籍既影响职工书屋声誉，也减弱了职工书屋对广大职工的吸引力。

3. 管理水平影响书屋自身发展

很多地方，职工书屋不仅是职工学习读书的场所，也是开设职

工讲堂、拓展技能、传播文化、普及法律知识的重要阵地。现有书屋有专职人员管理，也有兼职人员管理，但无论专职还是兼职，管理手段、管理水平、人员素质都难以担当书屋所承载的任务和要求。大部分的管理还只是最简单的借阅登记，且各不相同，既不能统计各示范点年阅读（借阅）人次，更不能准确反映省、市读书趋势，职工的求知需求、获取最新信息的渴望也很难在兼职、业余的管理人员那里得到有价值的帮助。

围绕职工书屋建设，2008 年主要工作有：首先是密切关注各地职工书屋进展情况，做好信息通报工作。指导各地切实做好书屋建设的各项工作，协助解决有关问题，引导各地严格按时间、按计划、按要求，保质保量地完成 2008 年度职工书屋建设任务。其次是提高管理水平。加强图书管理人员的培训，提高管理书屋以及开展职工读书活动的技能和水平，及时了解各地工会实施职工书屋建设进展情况，总结推广各地职工书屋建设方面的成功经验，并针对各地职工书屋建设过程中出现的问题与难点，及时提出解决问题的对策与建议，确保职工书屋建设规范有序的健康发展。再次是积极引导各地工会图书馆，以职工书屋建设为契机，广泛开展群众性职工读书活动，通过多种形式的群众性读书活动和捐赠助读活动，吸引、凝聚更多的职工读书学习，提高素质。最后是建立规章制度保证职工书屋建设有足够资金支持，监督、规范资金的合理使用。

分报告六：图书馆学教育

2007年，我国图书馆学专业教育继续在变革中稳步发展。图书馆学专业教育体系进一步发展和完善，“图书馆、情报与档案管理”一级学科建设结出累累硕果，图书馆学教育教学改革不断深入，社会对图书馆学专业人才需求旺盛，图书馆学教育面临良好的发展前景。

一、图书馆学专业教育体系进一步发展

伴随上世纪90年代末以来我国图书馆事业的迅速发展，图书馆学专业教育一直呈现出一种本科专业稳步发展、硕士研究生教育增幅较大、博士研究生教育有所突破，整个图书馆学教育规模不断扩大、专业层次不断提升的趋势。到2007年，我国有图书馆学专业教育机构50个，已经基本形成了一个具有本科、硕士研究生、博士研究生以及博士后流动站的层次齐全的图书馆学教育体系。

（一）图书馆学本科教育

截至2006年12月，我国共有48所院校及图书馆开办图书馆学专业教育，本科教育点28个。到2007年，本科教育点数量降至26个，其中有5所院校停止了对于图书馆学本科层次的招生，但同时又有包头师范学院、贵州大学、郑州航空工业管理学院等3所院校新开设了图书馆学本科专业。这种变化，实际上是图书馆学专业教育体系的自我调节：某些地区图书馆学专业人才供过于求，即停止招生；

而在另外的地区人才供不应求，又新开办图书馆学专业。这应该是以职业需求为导向的图书馆学专业教育发展的常态。可以说，图书馆学本科教育仍然在稳定地发展。

（二）图书馆学硕士研究生教育

近年来我国图书馆学硕士研究生教育发展呈迅猛态势。2001年我国图书馆学硕士学位授予点仅18个，到2006年已经增加到40个。5年间增加了22个。其中，2003年、2006年就分别有9个和7个图书馆学硕士点获得批准。2007年这一数据又增加2个（上海大学文学院、中南大学医学技术与情报学院医药信息系），从而我国图书馆学专业硕士点数量达到42个。这说明我国图书馆学硕士生教育已经进入一个快速发展的时期，办学层次逐渐走向以硕士研究生教育为主导的格局。这种格局是适应现实社会发展需求的，同时也与英美图书馆学教育的现状接近，符合世界图书馆学专业教育发展的潮流。

图书馆学硕士研究生教育的迅速发展，其主要原因：一是有些院校虽然停办了图书馆学本科专业，但是却保留了图书馆学专业硕士点，甚至有些新开设了图书馆学专业硕士点；二是一些以前并未开设过图书馆学专业本科教育的院校和科研机构选择开办图书馆学硕士点；三是越来越多的图书馆、文献中心、情报信息研究机构也申办了图书馆学专业硕士点。有数据显示，至2007年3月，我国共有8所图书馆等机构开设有图书馆学专业硕士点，占全部图书馆学专业硕士点数量的近1/5，而在2007年新开设图书馆学专业硕士点的15所院校和科研机构中，图书馆占了1/3。可以说，图书馆等信息机构参与图书馆硕士教育正在成为图书馆学教育的一种新的发展趋势。

（三）图书馆学博士研究生教育（含博士后流动站）

截至2002年，我国仅有北京大学、武汉大学和中国科学院文献情报中心3家设立图书馆学博士学位授予点，而从2003年开始，南京大学、南京政治学院上海分院、南开大学、中山大学和吉林大学也分别获得图书馆学博士学位授予权。至2007年，图书馆学博士研究生招生单位增至8家。2003年，北京大学、武汉大学和中国人民大学分别获批设立了图书馆、情报与档案管理博士后流动站。2007年南京大学也获得批准设立了图书馆、情报与档案管理博士后流动站。

我国图书馆学博士生教育在近年来取得了重大突破，这与我国高等教育自上世纪90年代以来飞速发展趋势相符合，也适应我国图书馆事业持续、稳定、高速发展的现实需要，对于推动我国图书馆学教育本身的发展也有着重大意义。一方面，博士点的增加，构筑了高层次的学科平台，能够吸引更多更高层次的人才来从事图书馆学的教育与研究，从而进一步促进学科水平的提高；另一方面，博士点的增加和博士后流动站的建立，能够为图书馆学培养更多富有创造能力、开拓能力和敏锐洞察力的高水平的学科带头人，这必将促进图书馆学的进一步发展。

二、一级学科建设成绩斐然

图书馆学、情报学和档案学是具有“血缘”关系的相关学科，尽管它们各有特定的研究领域和研究对象，但随着学科向综合化方向的发展趋势以及数字化时代的到来，这三门学科无论从理论、方法，还是所运用的技术来看，其界限已日趋模糊，图书馆学、情报学、档案学教育一体化的趋势也日益明显。因此，国务院学位委员会1997

年修订的《授予博士、硕士学位和培养研究生学科、专业目录》在“管理学”门类下设立“图书馆、情报与档案管理”一级学科，下设图书馆学、情报学、档案学3个二级学科。

（一）国家级重点学科

作为学科建设的标志之一，国家重点学科是教育部对高等院校中具有博士学位授予权的学科进行详细考核后，择优确定并计划安排重点建设的学科，是评定学科的最高等级。在2002年的国家重点学科评选中，北京大学与武汉大学的图书馆学、武汉大学的情报学、中国人民大学的档案学被评为国家重点学科，取得了图书馆学学科发展历史性突破。而2007年，在教育部进行的新一轮重点学科评估验收中，武汉大学的“图书馆、情报与档案管理”学科被评为国家一级重点学科，北京大学的图书馆学、南京大学的情报学和中国人民大学的档案学被评为国家二级重点学科。

（二）全国百篇优秀博士论文评选

全国优秀博士学位论文评选工作是由教育部和国务院学位委员会批准并组织的，旨在逐步建立有效的质量监督和激励机制，推动研究生教育工作重点切实转移到提高培养质量上来，培养和激励博士生创新精神，促进高层次创造性人才脱颖而出。该项评选工作已列入《面向二十一世纪教育振兴行动计划》。2007年，在全国优秀博士学位论文评选中，“图书馆、情报与档案管理”一级学科又有新的收获。武汉大学信息管理学院杜佳的博士学位论文《中国国家信息政策法规体系构成研究——基于“国家信息政策法规数据库”的实证分析》获评全国百篇优秀博士论文（此前有中国人民大学黄霄羽博士学位论文于2004年获评全国百篇优秀博士论文）。另外，武汉大学、中国人民大学、南京大学分别还有3篇、1篇、1篇共5篇论文获得全国优秀博士论文提名奖。

（三）国家级精品课程

2003 年，为了切实推进教育创新，深化教学改革，共享优质教学资源，提升我国高等教育的综合实力和国际竞争能力，教育部启动了高等学校教学质量与教学改革工程精品课项目。自 2004 年以来，"图书馆、情报与档案管理"学科共产生了 9 门国家级精品课程。仅 2007 年一年，就有 4 门课程被评为国家级精品课程，它们是武汉大学胡昌平教授负责的《信息服务与用户》、黑龙江大学倪丽娟教授负责的《文书学》、中山大学程焕文教授负责的《信息资源共享》、山东理工大学葛敬民教授负责的《信息检索与利用》。

国家精品课程是具有一流教师队伍、一流教学内容、一流教学方法、一流教材、一流教学管理等特点的示范性课程。国家级精品课程的申报参选也是不断提高教学质量的过程。有如此多的专业核心课程被评为国家级精品课程表明了我国"图书馆、情报与档案管理"专业教育的水平和质量已经提升到一个新的台阶。

（四）国家级教学团队和特色专业建设点

为了提高我国高等学校教师素质和教学能力，确保高等教育教学质量的不断提高，教育部于 2007 年在高等学校本科教学质量与教学改革工程中设立了教学团队建设项目，同年还启动了"高等学校特色专业建设点"的建设。武汉大学"图书情报核心课程教学团队"率先成功入选国家级教学团队，武汉大学图书馆学专业入选"高等学校特色专业建设点"，图书情报学教育发展获得了新的机遇。

三、核心课程趋于稳定，教学改革积极进行

（一）关于核心课程的设置

课程设置在很大程度上决定着学生的知识结构，也影响着他们的职业竞争力。在整个图书馆学专业课程体系中，专业核心课程决定着图书馆学专业教育的本质属性和基本特征，是图书馆学专业教育的重心，因此确定图书馆学专业核心课程具有特别重要的意义。

1. 本科核心课程的调查

2007 年，南京大学信息管理系和浙江大学信息资源管理系受教育部高等学校图书馆学学科教学指导委员会的委托，对我国 22 所大学图书馆学本科课程体系建设的情况进行调查。调研报告显示，有 12 门课程被这些高校列为专业必修课，它们分别为图书馆学基础、信息资源建设、信息组织、信息描述、信息检索、信息分析（与预测）、信息服务与用户（信息用户与服务）、目录学、数字图书馆、中国图书与图书馆史、图书馆管理、古籍/文献学。

从这次调研中可以看出，大多数学校在其专业课程设置上，都将教指委 2003 年确定的 7 门专业核心课程作为必修课，反映了图书馆学专业核心课程已经趋于稳定。

2. 硕士研究生核心课程的调查

根据武汉大学图书馆学系上一年度对武汉大学、北京大学、南开大学、中国人民大学等 13 个图书馆学硕士学位授予点的课程设置情况的调查表明，在图书馆学硕士研究生教育课程设置中，图书馆学基础理论、信息资源组织、数字信息检索、图书馆、信息资源管理、信息组织等的开设频率最高（有 10 个单位以上开设）；另外，文献学、信息服务与用户研究、图书馆自动化、信息咨询、知识管理、目录学、中国图书馆史研究、元数据等课程的开设范围也较大。这些课

程基本涵盖了2003年教指委确定的本科核心课程,说明各单位的硕士研究生教育很好地延续了本科教育的培养方案与宗旨。

随着我国图书馆向自动化、数字化、网络化方向发展,图书馆需要越来越多的从事知识、信息管理和服务的高层次专门人才,绝大多数院校和机构除了开设了图书馆学基础理论课程,也将数字图书馆、信息资源管理、信息组织、信息检索、信息技术列为开设的重点课程。

(二)各院校教学改革的进展

为进一步适应社会需求,体现专业特色,培养适应我国信息和知识产业、服务业需求的专门人才,各高校在教学改革方面也纷纷采取了有效的应对举措。

1. 增设情报学的相关课程

伴随学科的发展,图书情报一体化趋势日益明显,各高等院校如武汉大学、安徽大学、北京师范大学、东北师范大学、浙江大学等对硕士研究生课程也作了相应调整。具体是都增设了如情报学理论研究、竞争情报研究,数据挖掘技术、管理信息系统、信息经济学研究、公司知识管理、情报检索研究等与情报学相关的课程。

2. 增设信息网络技术、计算机类等课程

在本科层面,如南京大学、南开大学、郑州大学等开设了计算机基础、数据库系统及其应用、程序设计语言、数据结构、数据库和面向对象程序设计、计算机信息检索,网络技术与应用、计算机编目、计算机应用基础、计算机应用系统设计与分析、计算机网络等课程。

在研究生教育层面,如武汉大学、北京师范大学、复旦大学、华中师范大学开设了高级数据库理论,高级程序设计,计算机网络原理与应用,图书馆自动系统研究,数字图书馆理论与技术、数字图书馆系统的规划与设计、信息技术发展与多媒体研究等课程。

3.调整培养目标和培养方案

在本科生培养目标和方案上，西北大学图书馆学培养方案是图书馆学专业致力于培养具有系统的图书馆学基础理论知识和熟练运用现代化技术手段收集、整理和开发利用文献信息的能力，能在图书馆等信息机构和各类企事业单位的信息部门从事信息服务及管理工作的应用型、复合型高级专门人才。浙江大学信息资源管理系本科阶段的培养目标是培养具备信息资源集成管理和电子政务系统知识与技能的专门人才。

在研究生培养目标上，北京大学信息管理系强调基础宽厚，自我发展和应变能力强，提出要培养信息主管(CIO)、信息经纪人、数据库工程师等新型人才。武汉大学强调要培养能从事图书馆学和文献信息理论的教学与研究，并担负图书情报、文献出版及其他信息管理和咨询工作的高层次、宽口径、复合型人才。中山大学则将目标确定为培养图书馆学和信息学教学、科研和实践方面的高级专门人才。此外，其他院校也对其培养目标和方案作了不同程度的调整。

4.拓宽教学渠道，实现资源共享

(1)高等院校加强与图书馆、信息研究所、企业的合作

早在2000年，北京大学、北京数字方舟信息技术有限公司、中国惠普有限公司、柯达(中国)有限公司、华迪计算机有限公司就合作共建了北京大学信息管理系“数字图书馆开放实验室”。

2003年东北师范大学信息传播与管理学院和学校图书馆合作创办“图书馆管理集成系统实验室”，初步解决了实践教学的瓶颈问题。

2003—2007年武汉大学图书馆学专业先后在深圳宝安区图书馆、东莞图书馆、佛山市图书馆、湖北省图书馆、中国科学院武汉文献情报中心、武汉理工大学图书馆、武汉大学图书馆等图书情报机构建立实习基地，每年暑假都有学生在实习基地实习。

近年来,一些院系在博士点的申报及博士研究生的培养上开始采取横向联合的做法,局部实现了导师及学术资源的共享(如南京大学与中国科学院文献情报中心联合;北京大学、中国科技信息研究所和中国国际科技信息中心联合)。博士生可以选择联合申报的非本校导师,而且有机会以"互换研究生"的身份到他校学习,以实现优势互补、联合发展。

(2)积极开展国际交流与合作,邀请知名专家、学者来校讲学

北京大学信息管理系与国外一些重要大学的图书馆学情报学系都有密切的交往,每年都接待一定数量来访的外国专家学者进行交流,同时选派若干教师和学生出国访问、进修、学习或参加学术会议。武汉大学信息管理学院将国际交流与合作办学作为办好研究型学院的重要发展战略,与美国、英国、德国、俄罗斯、加拿大等10多个国家的30多所大学建立了学术交流关系。近年来每年举办不同类型、不同规模的国际学术会议和学术交流活动,邀请国外学者专家讲学。如2007年3月,美国俄亥俄州立大学图书馆 Nancyanne O'Hanlon 教授和 Fred Roecker 主任与图书馆学专业师生开展交流。武汉大学信息管理学院还和美国圣荷西州立大学图书情报学院建立了学生交流互访机制,每年互派若干学生进行交流访问。而中山大学资讯管理系一贯就坚持"走出去,请进来"的开门办学方针,积极参与国际学术交流。近年来在美国岭南基金会的资助下,每年邀请一名国际著名学者来系讲学1个月已成为制度。国际知名的图书馆学情报学专家如兰开斯特、库珀、马丁、陈钦智等都到该系讲学。西北大学图书馆与档案管理系也积极参与国际学术交流,近年来邀请了多位美国图书馆界专家到该系参观、访问和讲学交流。

5. 强化社会实践和教学实习

如中山大学为了增强本科生的实践能力,要求学生从大二第一学期至大三第二学期就必须参加分散式社会实践。武汉大学图书馆学专业实行教学实习、假期实习、毕业实习三级实践性教学环节。

教学实习是指根据课程安排，就与课程相关内容在校内进行实习；假期实习是指寒暑假要求学生在图书馆或其他信息服务机构实习或做社会调查；毕业实习是指三年级下学期的为期6周的毕业实习。南京大学信息管理系本科学生则要求第四学年进行为期两个月的毕业实践活动，并完成实习报告，以提高其社会实践、知识应用、工作适应和就业竞争能力。

（三）图书馆学教学改革发展趋势

1. 课程体系更加完善，图书情报教育融合的趋势加强

为了适应数字时代图书馆和各类信息机构发展对人才的需求，帮助学生建立合理的知识结构，图书馆学专业越来越多地引进与计算机、网络相关的信息科学技术方面的课程，同时将现代信息技术与方法融入图书馆学专业的核心课程之中，从而形成融汇图书馆学理论、方法与技术的合理课程体系。另外，各个高校普遍在图书馆学的基础上还增设了情报学、信息管理与信息系统专业的课程，促进了图书馆学与情报学的融合，有助于培养基础厚、口径宽、能力强、素质高的复合型人才。

2. 调整培养目标，致力于培养复合型人才

1998 年，教育部颁布实施的《普通高等学校本科专业目录》和《专业介绍》将图书馆学专业的培养目标表述为："培养具备系统的图书馆学基础理论知识，有熟练地运用现代化手段收集、整理和开发利用文献信息的能力，能在图书情报机构和各类企业事业单位的信息部门从事信息服务及管理工作的应用型、复合型图书馆各级专门人才"。近年来，各高校图书馆学专业纷纷做出回应，调整培养目标，修订培养方案，改革和优化课程体系，共同的特点是强调掌握系统的图书馆学理论和方法，掌握现代信息技术、管理科学知识，具备熟练地运用现代技术手段组织、检索、分析、评价和开发利用信息的能力，能在图书馆、信息服务机构和各类企事业单位的信息部门从

事信息服务及管理工作,适应经济和社会发展需要的厚基础、宽口径、高素质、强能力的创造、创新、创业型复合人才。

3. 产学研结合,创新人才培养模式

近年来,越来越多的院校走出院系的小圈子,与图书馆、企业、科研院所以及国内外知名大学开展多种形式的合作,实现优势互补、共同发展。这种依托高校优良的教学环境,利用图书馆丰富的信息资源,将企业、科研院所作为实践基地,同时采取开放的联合办学方式,加强学术交流与合作,吸取优良的教学方法,实现学术与导师资源共享的新形式,可以培养出同时具备教学、科研和实践的能力,具有较高综合素质和较强职业竞争力的图书馆学专业毕业生。它使得图书馆学专业教育突破了以往局限于本院系教学的局面,将图书馆学专业教育与图书馆及各类信息机构的实践和社会需求真正结合起来,从而探索一种新型的图书馆学专业教育模式。

4. 学生社会实践能力的培养越来越受到重视

图书馆学作为一门实践性和应用性很强的学科,为适应社会需求,各高校图书馆学专业通过各种方式来提高学生的动手实践能力。一方面,在技术、方法类课程中,重视课程实习环节;另一方面,加强对毕业实习这一重要教学环节的组织和管理,着力培养学生实践能力和分析问题与解决问题的能力,让学生在就业以后能够较快地适应图书馆和各类信息机构不同岗位的需要。

四、社会需求趋于旺盛,就业形势看好

2008 年 6 月,教育部有关部门公布了本科专业 2004 年至 2007 年连续四年的就业状况,部分专业的就业率如表 1 所示:

表 1　高等学校部分本科专业 2004—2007 年就业状况

专业名称	所有院校				中央部属院校				地方所属院校			
	2004	2005	2006	2007	2004	2005	2006	2007	2004	2005	2006	2007
图书馆学	B+	B+	B+	B+	A+	B+	A-	A-	C+	B+	B+	B+
档案学	B-	C+	C+	B-	B-	B+	A-	B-	B-	C-	C+	B-
信息管理与信息系统	B-	B-	B-	B-	B+	B-	B+	B-	B-	C+	B-	B-
电子商务	C+	C-	B-	B-	D+	D-	B-	B-	B-	B-	B-	C+
行政管理	C+	C+	C+	C+	A-	B-	B+	B-	C-	C-	C+	C+
法学	C-	C-	C-	C-	C+	C-	C+	C+	D+	C-	C-	C-
哲学	B-	B-	C+	B-	B-	C+	C+	B-	C+	B-	C+	B-
金融学	B-	C+	B-	C+	B+	B-	B-	B+	C+	C+	B-	C+
经济学	B-	C+	B-	C+	B-	B-	B+	B-	C+	C-	C+	C+
汉语言文学	B-	B-	C+	C+	B+	B-	B+	B+	B-	B-	C-	C-
新闻学	C+	C+	C+	C-	B+	C+	B-	B-	C-	C-	C-	C-
历史学	B+	B+	C+	C+	B+	B+	A-	B+	B+	B+	C+	C+

（各字母代表就业率比例为：A+为≥95%，A-为≥90%，B+为≥85%，B-为≥80%，C+为≥75%，C-为≥70%，D+为≥65%，D-为≥60%）

从表 1 数据可以看出，图书馆学本科的就业率在人文社会科学专业领域排名相对比较靠前，学生就业率较高。这在一定程度上反映出图书馆职业对专业人才的需求旺盛，这是图书馆学专业教育发展的强大动力。

2007 年对图书馆学本科毕业生去向的调查结果表明，图书馆学本科毕业生到图书馆就业的占近 50%；选择考研或出国的占近 25%；其他在非图书馆行业就业的占 25% 多。研究生方面，在图书馆就业的占近 50%，从事教学工作的占近 13%，读博或出国占 12% 多，其他在非图书馆行业就业的占 25% 多。博士生毕业后则以从事教学工作居多。

以上数据表明,近年来图书馆学专业毕业生就业情况呈良好态势。毕业生大多数仍从事图书馆工作和或图书馆学教学工作。需要说明的是,即使有部分毕业生在非图书馆行业就业,但他们从事的工作仍然是与信息搜集、组织、加工、传播有关的工作,这正好说明图书馆学专业的毕业生专业基础知识扎实,能适应不同行业的信息管理工作需要,这符合图书馆学专业培养目标。

五、新一届图书馆学学科指导委员会成立,规划图书馆学教育发展

为了充分发挥图书馆学专家学者对图书馆学教育教学改革与建设的研究和指导作用,促进图书馆学教育更好地为经济建设和社会发展培养高质量的人才,2002 年,教育部决定成立高等学校图书馆学学科教学指导委员会。2007 年,新一届图书馆学学科教学指导委员会在福建师范大学召开成立大会。新一届教指委由来自 28 所高校的 33 位图书馆学专家组成。其主要职能是研究、咨询、指导、评估和服务。研究就是要根据时代的发展、社会的需要,研究本学科的发展趋势和方向;咨询就是要发挥学科的优势,为行政领导部门提供决策的建议和依据;指导就是要在研究的基础上,提出学科发展的指导性意见,包括理论指导、政策指导、信息指导和经验指导;评估就是要承担学科的规范和评估工作;服务则是要向全国高校的本学科专业教育提供全面的服务等。

新一届教指委讨论了本届教指委的工作,确定了近期要完成的几项任务:

(1)在调研人才市场需求和现有图书馆学各院系课程体系的基础上,提出供讨论的新的图书馆学核心课程大纲。

(2)制订图书馆学本科专业设置和教育质量规范。

(3)在全面调研的基础上，完成《中国图书馆学教育发展战略报告》。

(4)不定期举办图书馆学专业课程教师培训或研讨班。

(5)与中国图书馆学会教育与培训专业委员会合作，构建图书馆学教育与图书馆业界联系的平台，通过双方的沟通与交流，实现人才培养和人才需求的双赢。

六、图书馆学教育存在的问题与对策

图书馆学教育在健康发展的同时也存在着一些需要解决的问题：

1.图书馆学本科招生形势仍比较严峻。尽管图书馆学专业的毕业生就业率近年来在各专业中名列前茅，但由于社会对图书馆学专业缺乏了解和目前我国图书馆事业发展不平衡的现状，使每年高考中第一志愿报考图书馆学的考生较少，而目前很多高校往往以报考率来决定招生规模乃至专业存废，因此，有些高校图书馆学本科教育的规模受到限制，不得不隔年招生甚至停止招生。为此，图书馆与图书馆学教育机构要努力工作，提升图书馆的社会地位，扩大图书馆与图书馆学教育的影响。同时国家也要通过制定相应的政策，为图书馆事业与图书馆学教育发展提供良好的环境。

2.信息环境的不断变化和社会信息需求的日益增长，要求图书馆学专业培养的人才不仅要具有扎实的图书馆学专业知识，而且要有系统的和专门的相关学科知识。因此，图书馆学教育界近年来一直致力于建立图书馆学专业硕士制度，吸收具有其他学科背景的本科毕业生攻读图书馆学专业硕士。但这一努力还没有取得积极的成果。为此，迫切需要政府教育行政部门组织调研和论证，尽早作出建立图书馆学专业硕士学位制度的决策。

3. 图书馆学教学改革仍需加大力度。目前高校开设的图书馆学核心课程大体上是合理的。但这些课程不同程度地存在知识陈旧、与实践脱节、忽视专业技能培养等问题，因此图书馆学教学改革仍需加大力度。一是强化课程内容的实用性，特别注重技术与方法的实际应用，培养学生的动手操作能力。二是增强课程内容的新颖性，及时将国内外图书馆学学科发展和图书馆实践领域发展最新的、最前沿的理论、方法和技术吸纳到教学内容中去。

4. 图书馆学专业师资队伍建设需要加强和优化。目前我国图书馆学专业师资队伍建设存在不平衡现象。重点大学的图书馆学专业师资队伍实力雄厚，年龄、学历和职称结构均得到优化，但不少地方院校师资力量比较薄弱，高学历、高职称的教师偏少，从而影响了图书馆学教育的质量。因此，加强这些学校的师资队伍建设，加快培养和引进高学历的人才充实教师队伍，从而优化我国图书馆学专业教师的学历、职称结构，成为发展我国图书馆学教育的当务之急。

参考文献

[1]陈传夫等. 改革开放三十年我国图书情报学教育的发展. 第九届海峡两岸图书资讯学学术研讨会论文集，武汉大学信息管理学院，2008

[2]肖希明等. 我国图书馆学教育发展现状的调查分析. 图书情报知识，2008(1)

[3]潘燕桃. 中国图书馆学情报学档案学教育最新进展. 中国图书馆学报，2008(4)

[4]全国高等学校学生信息咨询与就业指导中心. 2004—2007 年全国普通高校本专科部分专业就业率区间分布. http://gaokao. chsi. com. cn/z/jylfb/# [2008 - 09 - 25]

[5]肖希明. 调查引发的思考——图书馆学教育七问. 图书馆建设，2007(6)

分报告七：图书馆学研究

2007年是我国图书馆事业继续深化改革、保持快速发展的一年。与此相适应，我国图书馆学研究在继承传统的基础上，积极借鉴和融合相关学科知识，大力引进和应用新的技术方法，在各个研究领域都取得了一些新的进展。

一、图书馆学基础理论研究

图书馆学基础理论虽然不直接作用于图书馆的具体工作，但它却对图书馆工作起着高屋建瓴的指导作用。它的基本任务是对图书馆事业发展中的基本问题进行解释，揭示图书馆事业发展中最本质的规律，决定图书馆学体系的构建与未来的发展趋势等。2007年，图书馆学基础理论研究继续受到了研究者的关注。

（一）关于图书馆学理论体系的创新

1. 重构图书馆学基础理论体系

黄宗忠认为，对图书馆学原理的研究是图书馆学基础理论研究的重要内容之一，它主要研究图书馆发展的基本规律和图书馆学最普遍、最基本的原理，应视为将图书馆学研究引向深入的开端，是图书馆学研究回归本体研究的重要体现。当前着重需要研究的几个方面是：什么是图书馆学原理、图书馆学原理研究的目的与目标、20世纪30年代以来图书馆学原理研究的发展过程和评价、现代图书馆学原理。[1]

范并思认为,图书馆学基础理论体系正在从面向学科转为面向职业,新的图书馆学理论体系的疆域应该包括公共图书馆的研究、图书馆读者权利的研究、图书馆人文精神研究、信息公平与自由获取研究、图书馆职业理念研究以及信息技术中的理论问题研究、图书馆史研究等,并尝试提出了一个新的、与现代图书馆理念相适应的图书馆学基础理论体系架构。[2] 陈传夫、吴钢则提出图书馆业态的概念,他们认为将图书馆置于历史和现实两种坐标上考察,会发现在一定时期里图书馆运行呈现不同的状态,这种状态即为图书馆业态,它是指图书馆事业整体为满足不同读者的需求进行相应的要素组合而形成的运行形态。他们具体分析了促进图书馆业态变化的因素,探讨了图书馆业态的发展趋势,指出应防止图书馆泛化、边缘化、去职业化的倾向,并提出了图书馆担负新的信息使命,回归文化与教育价值的建议。[3]

蒋永福的研究从谱系学的角度,根据价值取向的不同将图书馆学话语体系分为三大族系,即技术图书馆学、人文图书馆学和制度图书馆学。其中,技术图书馆学以实用主义价值观为其话语特征,人文图书馆学以理想主义和自由主义价值观为其话语特征,制度图书馆学则以现实主义价值观为其话语特征。应该说,这是不同于图书馆学理论体系根据内容逻辑进行划分的一种全新的划分方法,对于重构图书馆学理论体系有一定的意义。[4] 因此,郑全太等提出,图书馆学概念和理论体系的创新与转型是 21 世纪图书馆学理论发展的一个鲜明的时代特征,这种新的图书馆学概念和理论框架的建立和创新,实际上也是在构建一种支撑新的图书馆活动合理性的理论平台,它是由社会发展和图书馆发展所决定的,符合图书馆学理论发展的规律。[5]

2. 图书馆学研究方法的创新

研究方法是构成一门学科的基本要素之一。杨文祥认为建立 21 世纪图书馆学的方法论体系,首先需要对图书馆学研究方法和方法论体系的各种影响因素作全面分析，这些影响因素主要包括图书馆学的研究对象、图书馆学的学科性质、图书馆事业的时代背景和图书馆学研究者自身知识结构等。[6]

一些研究者认为，图书馆学研究方法的创新，应包括研究过程的方法创新和新研究方法的应用，如社会网络理论方法、实证研究方法、内容分析法等在图书馆学研究中的应用。在2007年的研究中，实证研究开始得到研究者的重视。徐建华认为当代图书馆学游离于现代学术之林的一个重要原因，是图书馆学所研究的大部分内容都是一种感悟性的，缺乏实证性的数据支持。而图书馆学要想赢得学术尊重，学术研究的标准化、规范化，以及在研究方法上与其他学科接轨，实证性的研究是非常必要的。他还通过当代图书馆员“快乐指数”实证分析，将规范的实证方法应用于自己的研究，取得了很好的效果。[7]

但实证研究并不等同于应用研究，刘兹恒认为，在我国的图书馆学研究中，一直表现出对图书馆学应用研究的侧重，他分析了这种倾向产生的原因，在肯定图书馆学应用研究的贡献后指出，目前图书馆学应用研究并没有完善，还存在着“应用”的范围不够全面、对“应用”的认识有局限、“应用”的层次比较低以及缺乏理论指导等问题。他提出应从强化理论对应用研究的指导作用、拓展图书馆学应用研究的范畴、改进图书馆学研究成果的应用方式、增加图书馆学研究的应用类型、提高图书馆学研究成果的应用层次等方面努力，不断提高我国图书馆学应用研究的水平。[8]

3. 图书馆学与其他学科理论的融合

当代科学发展的综合化趋势越来越明显，图书馆学与其他相关学科的融合与渗透加快，使图书馆学理论研究出现了一些新的动向，拓展了图书馆学研究的领域。

图书馆学对知识的研究在2007年依然受到较多关注，王子舟分析20世纪80年代以来图书馆学研究向“知识”转向的主要进展，提出未来图书馆学研究转向“知识”，有可能形成的富矿带：知识和知识表现形式、知识组织新方法、新兴知识集合实体、图书馆知识管理与知识服务、知识分析与预测、弱势群体知识援助、知识保障的法律问题、知识平等、知识自由理念的制度化、读者知识建构与终身学习等都将成为图书馆学研究的重要课题。[9]

马恒通分析图书馆知识传播的思想理论基础与物质基础，指出图书馆知识传播活动的基本结构包括知识传播者、知识传播媒介、知识传播内容、知识传播设施、知识传播行为、知识传播对象、知识传播环境和知识传播效果等，[10]他认为图书馆学的研究对象是馆藏知识传播，图书馆学是“知识传播学”的一门分支学科。

长尾理论是一种新的经济模式，首先被应用于网络经济领域，它的核心论点是许许多多小市场聚合成一个大市场。2007 年，长尾理论被引入图书馆学中，为互联网环境下的图书馆服务提供了新的思路。王益明提出，实现图书馆信息服务向长尾方向变革，首先是树立以用户为中心的服务理念，其次是提高长尾分布的驱动力。前者是长尾分布的人本动力，后者则是技术动力。这两点将为图书馆信息服务理念和模式的变革提供思想和工具。[11]周军兰也指出，目前图书馆界的基本观点是：图书馆的馆藏建设就是长尾，图书馆构建了许多原始形态的资源长尾。在当前的数字内容日益丰富的网络环境下，构建长尾已经成为图书馆发展的关键。必须分析图书馆的原始长尾和 Google、Amazon 这类长尾公司的差别所在，一边重构网络环境下图书馆在学术交流中的地位，重新吸引图书馆用户，使他们的注意力回归。而按照长尾理论的观点，当前图书馆应着力解决资源聚合没有完成、整体获取资源的成本过高以及资源的互相揭示机制不完善等问题。[12]

4. 其他研究热点

2007 年图书馆界对图书馆精神的研究仍然很活跃。徐洪升提出，图书馆职业精神是人类的自由理念在信息活动领域内的体现，具有平等、崇高、民主的特征。因此，为维护和促进公众的信息获取自由而提供相应服务，应该是图书馆职业的核心精神。[13]李素萍通过对图书馆精神研究成果的梳理，认为图书馆精神可分为“一般精神”和“特殊精神”，“一般精神”是指其他事业或职业都应具备的精神，而“特殊精神”则是指与其他事业或职业有差异或有特殊内涵的精神，属于图书馆自身有特别意义的精神，例如爱馆、爱书、爱人、利人、人文、服务、保存、传递、共建和共享精神等。[14]

图书馆核心价值是图书馆界对于自己责任或使命的一种系统说明，表达的是图书馆人的基本理念。我国图书馆界在借鉴国外成果的基础上也开展了对图书馆核心价值的研究，并特别强调要在当代中国语境下讨论图书馆的核心价值。王知津认为，理想状态下的图书馆核心价值有两个方面，即自由和发展。[15]蒋永福更是认为文化权利可以成为中国语境下的图书馆核心价值。文化权利是人们通过文化活动获得利益的权利，公共图书馆是公共文化基础设施之一，其基本使命是保障公众的文化权利；而文化权利是普世性权利，已得到中国政治意识形态的认可和重视。因此，以“文化权利”旨归的图书馆核心价值体系，有利于把图书馆事业建设引向法治轨道，而不仅仅落于道德宣传的俗套。[16]

关于图书馆权利的研究，人们已逐渐回归理性，许多研究者都提出，图书馆的权利与责任是一个统一体，权利因责任而来，责任因权利而生。彭前卫的研究从信息自由、平等权利、公益性等角度对图书馆的权利与责任进行了辩证分析，指出图书馆享有的权利主要是基于信息自由的图书馆自由权利，保障和维护公众的信息自由权利是图书馆的职业特性。但是，离开了中国的客观环境讨论图书馆的权利与责任会产生认识上的偏差，甚至误导图书馆实践。因为维护公众的自由权利不是图书馆唯一的任务，实现维护公众权利和服务国家利益的平衡统一是国家对图书馆的要求，也是图书馆的努力方向。[17]向建均认为，图书馆精神与图书馆权利具有的内在一致性，图书馆精神是图书馆对自身社会责任的社会承诺,而图书馆权利是图书馆实现社会承诺的必要社会诉求,二者必须有机地统一起来。[18] 陈方劲认为我国图书馆事业要适应现代社会和自身发展的要求,必须完成以"读者第一"为主导向"读者权利"为主导的转变,其中培养、强化和维护读者的权利是提高图书馆服务质量的原动力。[19]

关于图书馆自由依然是学术界关注的话题。袁庆东在阐述图书馆自由概念的发展历程的基础上,以日本《图书馆宣言》为例进行分析,指出图书馆自由实际上是建立在将其视为"思想之自由市场"的重要公共空间基础之上,经由资讯传送者与其接受者自由及平等的利用,以作为图书馆所担负维系自由民主社会之存在的自律性权利。在图书馆的活动领域,国家(政府)所扮演的角色对于利用者而言在于保障其自由、平等的图书馆利用权;对于图书馆而言则在于维护其自律性。[20] 林桦也提出,图书馆的自由发展与自律管理对其价值功能的发挥具有重要意义,图书馆在收集资料、提供资料以及馆藏资源和服务不受审查干涉方面应享有较大的自由,同时图书馆也应在文献的收集整理、提供资料与设施服务以及行使管理权力方面应有所自律。[21]

(二)图书馆史和图书馆学史的研究

2007 年图书馆史和图书馆学史方面的研究比较活跃,内容涉及图书馆发展历程、图书馆学人等,对图书馆学思想史以及基础理论的回顾也相当丰富。

2007 年是周文骏《文献交流引论》出版二十周年,也是"文献交流说"正式形成二十周年。图书馆学界围绕这部重要的图书馆学基础理论著作进行了一系列的讨论。刘兹恒等认为,周文骏先生立足中国现实,把交流思想由图书馆学拓展到情报学、目录学、档案学、文献学等学科,并且在交融升华中创建了一门更上位、更综合的新学科——文献交流学,这是中国图书馆学家对世界图书馆学理论做出的一大贡献。[22]范并思认为周文骏先生的《文献交流引论》引领了上个世纪80年代中期图书馆学著作方式的变革，它标志着图书馆学追求理论的科学抽象，引入了开放的科学思维方式，完全摆脱了对图书馆具体工作的解释、说明和描述的局限，站到了新图书馆学的高度上重新审视图书馆学的研究内容。[23]

2007年也是刘国钧先生《什么是图书馆学》一文发表五十周年，王子舟等认为，《什么是图书馆学》是一篇在历史转折期有引路作用的经典文献，它的发表曾引起一场大讨论，后又遭到批判和误读。他们指出刘国钧先生的许多思想和观点在今天仍有指导意义。[24]吴慰慈等则对刘国钧先生在图书馆学基础理论领域的贡献逐一进行梳理，指出刘国钧先生的学术研究走的是一条中西合璧的道路，同时也是一条理论联系实际的道路，是不断学习、不断汲取、不断求实创新的道路，刘国钧先生以其博大精深的知识基础，缜密的哲学思辨能力和理论水平，强烈的时代感和忧患意识，在图书馆学各个研究领域中都做出了开创性的工作，不愧是中国近代图书馆事业的主要奠基者和学术领路人。[25]

对经典文献的重温与解读、对图书馆学术思想的回顾，有利于今天的研究者更好地了解图书馆学的学术史，从而更好地继承图书馆学研究的传统。

（三）图书馆事业研究

1. 关于基层公共图书馆事业发展

2007年有关图书馆事业发展的研究主要集中在基层图书馆建设与图书馆服务等方面。程焕文归纳了岭南地区公共图书馆事业发展中出现的新形式，并将其称为“岭南模式”，包括中山图书馆创立的“流动图书馆”模式；深圳图书馆创立的“图书馆之城”模式；广州市创立的由政府主导的图书馆发展模式；东莞图书馆创立的“集群图书馆”模式；佛山市禅城区创立的“联合图书馆模式”等。他指出，岭南模式的出现是建立在社会对公共图书馆精神的认同和复兴、政府主导地位的确认和加强、制度的创新和示范，以及建立和谐的全民读书社会需求基础之上的。[26] 邱冠华在对全国各地图书馆进行调研的基础上分析了公共图书馆向基层延伸的模式，归纳出区域性网络模式、总馆/分馆模式和流通点模式，在此基础上他指出，要了解构建图书馆服务网络的根本目的、实事求是地寻求与当地实际情况相适应的构建模式，要坚持政府主导发展图书馆服务网络，由文化部或中国图书馆学会牵头解决计算机管理系统的问题。[27]

于良芝在对《国民经济与社会发展第十一个五年规划纲要》和《国家"十一五"时期文化发展规划纲要》进行解读的基础上指出，包括图书馆在内的公共文化事业有了划时代意义的建设目标——建立覆盖全社会的公共文化服务体系，这标志着我国进入了追求普遍均等文化服务的时期。[28] 范并思认为《纲要》提出的"实现和保障公民基本文化权益、满足广大人民群众基本文化需求"是包括图书馆服务在内的公共文化服务的重心下移。从重点为管理决策或科学研究等社会精英服务，转向为普通民众的基本文化权益及基本文化需求服务，是图书馆事业发展的一种必然趋势。[29] 蒋永福认为政府是发展公共图书馆事业的责任主体，这是由政府的公共性和公共图书馆的公共产品性质决定的。公共图书馆属于"价值性产品"，若采取市场化方式提供就会出现公平与效率相背离的问题。因此，政府应该成为发展公共图书馆事业的责任主体。[30] 于良芝还具体对苏州图书馆的总、分馆建设经验进行了总结，将其特点概括为：紧密型的总分馆关系、"动态资产权"基础上的物流和通借通还、"孵化"式馆员培训、从市馆到社区分馆的扁平网络结构等。她建议将苏州图书馆分馆建设模式向全国推广，同时也作为一个建设覆盖全社会的公共文化服务体系的成功案例，让政府看到这种服务方式对和谐社会和文化大省建设的巨大贡献，以获取政府更多的理解和支持。[31]

近年来，民营图书馆逐渐成为图书馆界关注的话题。张广钦指出，民营图书馆是不由政府出资建立、运行与维护，开放式地向社会公众提供有序化信息资源的图书馆。在这个概念界定的基础上，他认为民营图书馆应该包括连锁经营的图书馆、基金会资助建立的乡镇（农村）图书馆、私人图书馆、读书社、“政府搭台民间唱戏”的万家社区图书馆、企业建立的社会图书馆以及民办学校图书馆等几种类型。目前民营图书馆的发展困难重重，政策法律保障欠缺、运营资金不足、专业人员匮乏、业务水平低下、收费与免费的矛盾、现代技术应用不多，以及资源短缺等都成为制约民营图书馆持续发展的障碍，他认为未来民营图书馆必将走向公有化，成为国家公共图书馆服务体系的重要组成部分之一。[32]

2. 关于公共图书馆的使命

于良芝等通过对国内外图书馆为实现自身使命而开展的服务进行对比性考察，发现国内外公共图书馆已经不同程度地开展了与其使命相适应的服务，但是我国县级图书馆的服务与英美同类图书馆的服务之间还存在显著差异。现在，国外代表性的关于公共图书馆的文件都将图书馆的使命界定为教育、信息服务、文化传播、促进社会和谐、培育信息素养、培养阅读兴趣、扫盲等，这些使命作为公共图书馆存在的理由具有有效性，也为公共图书馆存在的合理性提供了有效解释。但是我们也应该看到，公共图书馆信息服务的使命目前正受到互联网的挑战，而扫盲及培养阅读兴趣的使命也正受到图书馆借阅量下滑趋势的挑战。[33]图书馆如何坚守自己的使命还需要进一步进行研究。

二、图书馆信息资源建设研究

（一）信息资源建设理论的新发展

在图书馆信息资源建设的理论研究中，施强提出，构建和谐的、可持续发展的信息社会是目前图书馆面临的新课题，需要按照科学发展观的要求开展信息资源建设，形成社会公共信息资源建设的系统观、效益观和科学观。其中，信息资源配置的系统观体现为信息资源选择与控制的和谐观、复本量与使用权配置的优化观、信息资源建设的品牌观；信息资源建设的效益观体现为信息资源建设的用户观、信息资源建设的共享观、网络信息资源的开发观、集团采访方式的协调观；信息资源组织的科学观体现为信息资源采访的民主观，信息资源组织的整合观，信息资源长期存取的安全观等方面。[34]

随着图书馆各种资源数量的增长，其整体的无序化也日渐明显。能否对大量信息资源进行有效的整合关系到信息资源建设的质量，因而这一议题受到研究者的较大关注，研究重点主要集中于信息资源整合的现状、模式、策略等。柳较乾等从宏观上探究了图书馆资源的优化与整合，并尝试设计了信息资源宏观整合的方式，即一是建立信息资源保障体系，实现国家级文献中心、省与系统级文献中心的两级整合；二是不同藏书级别的整合，主要指五级藏书理论中的完整级文献与研究级文献的整合；三是不同数据库的整合，包括图书馆对自己开发的数据库按学科或专题进行优化整合，以及对本系统图书馆联合购买的数据库或不同系统图书馆分别买断使用权的数据库进行整合，以提供图书馆资源共享；四是数字图书馆营销方式的整合，即以国家文献信息保障中心、省、系统文献信息保障中心作为营销的支点，以各参与馆营销作为面，实行点面结合，扩大图书馆数字信息资源的领域和服务范围。[35]

崔瑞琴、孟连生从数字信息资源整合的概念出发，将数字信息资源整合的特点归纳为层次性、专业性、系统性、选择性和统一关联性，并提出数字信息资源整合应注意的几个问题，即要科学统筹规划信息资源整合的学科领域，采用新的标准和技术整合所选择的资源体系，应建立开放信息资源整合机制，注重动态虚拟链接资源的可靠性和稳定性，注意整合资源及系统的维护和更新。[36] 张燕萍则在对国内20所高校图书馆的信息资源整合现状进行调查的基础上，针对存在的问题提出了高校图书馆信息资源整合的一些策略，包括标准化策略、国际合作发展策略、个性化整合发展策略、以学科为中心的发展策略、图书馆联盟整合发展策略、社会各界合作发展策略、应用新技术的发展策略等，具有一定的指导意义。[37]

对信息资源共建共享理论的探讨仍然是信息资源建设研究的热点之一。该论题主要集中在概念辨析、内涵挖掘、实现方式、共享机制等方面。对于信息资源共享理论中存在的一些认识误区，金胜勇等从概念、共享原则和共享模式三个方面进行了辨析，认为信息资源共享是信息资源建设单位之间的共享；信息资源共享应该以共建为基础，并遵循共建共享系统的宏观信息资源体系的完整性原则；在共享中应引入激励机制，体现权利与义务的统一；要摒弃以市场为主导的共享模式，坚持公共政策体制，坚持政府主导。[38]

在信息资源共享机制方面的研究中，文庭孝等认为，信息资源共享的本质是一种综合性的社会资源配置方式，最根本的目标之一是有效实现信息资源的经济价值和社会价值。他们分析了当前信息资源共享所遇到的障碍（观念障碍、体制和制度障碍、法制障碍、技术障碍、机制障碍）和冲突（不同共享主体的利益冲突，共享主体围绕客体产生的冲突），提出应该构建信息资源共享的社会协调机制，即共享的社会动力机制（社会需求驱动、社会利益驱动、社会权力驱动、社会竞争驱动和精神道德驱动），共享的社会配置方式（将计划手段与市场手段有机结合，并综合行政、法律、经济等多种资源配置方式），共享的社会协调模式（基于公共物品供给的公共管理模式、基于市场机制的社会利益协调模式与基于社会道义的信息资源援助模式这三者协调互补的综合模式）。[39]而胡昌平等则将目光投向高校图书馆的虚拟社区构建，在将其定位为兴趣型虚拟社区的基础上，提出了基于兴趣的社区划分方案和具体实现算法，并就社区关联的确立和信息共享机制的建立进行了探讨，进而设计出包括信息资源共享管理监控模块、程序处理模块等在内的高校图书馆信息资源协作共享系统。[40]

此外,学习与借鉴国外信息资源共享的经验也是学者们关注的问题之一,这方面的新成果有刘兹恒等人的《OCLC 对我国信息资源共享的启示——纪念 OCLC40 周年》。该文介绍了 OCLC 的发展和运行概况,分析了其成功的关键因素,认为建立良好的运行机制是资源共享的关键,市场的需求是资源共享的原动力,政府的支持与法律保护是资源共享的基本条件,丰富的信息资源是资源共享的物质基础,先进技术的支撑与标准化建设是资源共享的保障。作者指出,我国在全面推进信息资源共建共享的过程中,要努力提高社会信息资源共享的意识,遵循分阶段、分类型、从易到难、从局部共享到全面共享的原则。[41]

(二)关于信息资源选择与采集的研究

信息的选择与采集是信息资源建设研究中一个很实际的论题,该论题主要集中在信息资源采集的原则、规划、相关技术的应用、影响因素、解决策略等方面。肖自力认为,馆藏的实质是具有特定功能的知识信息系统,建设并不断优化馆藏,使之成为具有特定功能、且能与时俱进的知识信息系统,是图书馆开展所有服务工作的基础。为此,图书馆应制定规范化的馆藏发展纲要,它包括三方面的内容:其一是图书馆客观的背景和需求,其二是本馆的知识信息需求和相应的 5 到 10 年的馆藏发展目标以及长远的发展方向,其三是实现目标的保障条件。他认为馆藏发展应设一个主要的责任人,可以借学科馆员制度建设之机,明确授权学科馆员负责相关学科藏书发展的任务,让其重点承担馆藏设计规划、学术文献选择工作。[42]

针对书刊采购工作主观性强,容易偏离读者的兴趣与实际需求等问题,王卫采取定量分析的方法,应用统计预测技术、层次分析法、择优分配等原理,设计出了采购经费在各类别书刊中的分配模型。他针对高校图书馆的特点，将书刊采购的影响因素分为图书类别、预付资金、价格预测值、利用率预测值、重要学科点数、读者层次及人数、核心期刊数等，并采用指数平滑预测模型，引入保留权值等概念，通过对影响书刊采购的若干因素加权，进而得出最佳资金分配方案，力求实现书刊采购的预期效用。[43]

在电子资源的采购方面，王槐深指出，图书馆需认识到电子资源采购与印刷型文献采购诸多不同的特点，如电子资源采购方式与价格模型的复杂多样化、电子资源内容重复交叉严重、电子资源购置与利用依赖硬件设备和网络环境的支持、电子资源存档存在问题、电子资源试用是采购前的必备环节等，提出图书馆电子资源采购应遵循针对性原则、系统性原则、科学性原则、实用性原则、共建共享原则、计划性原则等基本原则。[44]

（三）关于信息资源开发、利用的研究

信息资源开发与利用是信息资源建设研究中一个很重要的方面，特别是随着图书馆电子信息资源、网络信息资源的增多，如何更好地开发和利用这些资源成为学界关注的焦点之一。肖希明等指出，数字信息资源开发要以需求为导向，并归纳了数字信息用户需求的特点，即方式需求为无缝链接和自助服务，内容需求为知识化、精品化，检索需求为一站式、全文化，成本需求为最小化。在此基础上，他们提出了以需求为导向的数字信息资源开发策略：数据库建设首先要强化信息产品的标准化建设，为保证特色化数字信息资源的共知共享奠定技术基础；信息资源整合要提供一站式服务，解决多平台、多结构信息资源的集成检索问题；图书馆与大众搜索引擎合作，通过信息推送等手段将图书馆的信息资源主动纳入到用户情景中去。[45]

馆藏资源数字化是近年来信息资源建设的重要内容之一，作为一项比较复杂的系统工程，需要全面规划，系统实施，在这方面我们

应当借鉴国外数字化项目的一些经验。臧国全在《基于调查案例的美国图书馆信息资源数字化项目实施分析》一文中,分析了美国6个比较有影响的调查案例,认为美国国内图书馆信息资源数字化项目整体实施效果并不理想,项目规划也不完善,资金投入普遍短缺,人力资源配备不充分,数字资源生产过程管理质量欠佳,数字资源的长期保存不容乐观,进而指出国内图书馆界应引以为鉴,要结合自己的国情和馆情全面规划,方可少走弯路。[46]

在信息资源的利用方面,何朝晖等指出,数字资源的可持续利用是数字资源共建共享项目能否可持续发展的一个关键。探讨了在许可证制度框架下如何通过协议条款来规定出版商的保存责任、争取图书馆拷贝复本和存档的权力,以及数字信息保存的技术策略的基础上,他们呼吁我国图书馆联盟应尽早重视共建共享数字信息的有效保存和可持续利用问题,并尽快制订许可证制度下数字信息保存的规范,积极研究探索数字信息的长期保存机制和保存技术,集中力量展开攻坚,建立共建共享数字信息资源可持续利用的先导和示范项目。[47]

(四)关于古籍资源的保护和数字化研究

我国古籍资源的保护历来受到图书馆界的重视,2007 年的研究更是非常活跃,期刊上发表的有关学术论文较多,涉及古籍保护的特点、现状解析、古籍修复原则、古籍人才培养等诸多方面。

刘冬青分析了影响我国古籍保护与修复的不利因素,认为这些因素主要包括对古籍文献的保护与修复意识淡泊,古籍文献保护条件简陋、环境不达标,古籍文献的藏与用、保护与修复矛盾突出,古籍文献收藏单位各自为政、势单力薄、无暇顾及,古籍文献保护与修复尚无一支完整、稳定的专业技术人员队伍等。为此,他提出一些整改措施,如利用媒体广泛宣传,增强意识改变观念;打破地区和系统的限制,筹建统一的"古籍文献保护与修复组",指导、帮助各古籍保藏单位进行修复工作；培养专业技术人员队伍；充分发挥专家、学者的作用；以法律、法规为保障，建立、健全各项规章制度；推动古籍文献保护与修复的科技创新等。[48] 杜伟生则通过对古籍修复工作各阶段不同修复对象、修复重点的分析，结合自己多年工作实践，归纳出古籍修复的8个原则，即安全性原则、真实性原则、最少干预原则、可逆性原则、可识别性原则、适宜性原则、相似性原则、规范性原则等。[49] 古籍修复工作的顺利开展与古籍修复人才的培养是分不开的，因此葛怀东在其研究中指出，当前国内古籍修复队伍存在的人员不足、层次偏低、后继乏人等问题，主要是由于直接经济效益的缺乏与社会需求的减少、传统的偏见及古籍修复行业自身的独特性、缺乏正规的人才培养渠道所导致的。他认为应从古籍修复文化工程的政策导向、办学理念和实效、职业认证等多方面来保障古籍修复人才的培养。[50]

在古籍资源的数字化研究方面，毛建军尝试重新界定了古籍数字化的概念，并认为古籍数字化的基本性质是古籍整理的一部分，它的基本要素包括加工对象、加工工具、著录标准、实施者、管理协调者。他还概括了古籍数字化的基本原则：一是古籍数字化必须遵守古籍整理的基本原则，二是保护与利用相结合的原则，三是统一规划系统开发的原则，四是坚持统一著录标准的原则。[51] 而覃燕梅则从保护古籍文献的视角切入，在比较分析"原生性保护"与"再生性保护"（即古籍数字化）两种古籍保护方法后，认为古籍数字化是更积极的一种保护方式，并介绍了高校图书馆"再生性保护"工作的主要技术"古籍文献数字照相技术"，指出实现古籍文献全文数字化及网络化共享将是古籍文献"数字化保护"工作的发展方向和趋势。[52] 徐清等人也认为，古籍数字化资源的深度开发应是今后古籍数字化工作的重点之一，它将使古籍资源成为一个立体的文化学术信息知识库，便利研究人员对古籍资料的搜集、整理以及帮助其获取新的思路和研究方法。他们提出古籍深度开发的主要内容有：提供基于超文本的立体阅读环境，建立强大的智能化检索系统，提供科学、准确的统计数据和信息分析。当然，古籍数字化资源的深度开发有赖于跨学科的合作，但反过来它也能为跨学科合作基础上的理念创新、技术创新提供平台。[53] 应该说这些研究成果对古籍资源数字化建设将起到一定的促进作用。

三、图书馆信息组织研究

信息组织是图书馆学的核心知识领域，在传统文献资源建设的条件下，这一领域可分为分类、主题、编目三大领域，而随着计算机及网络技术的飞速发展，网上信息不断增加，图书馆学的研究视角也转向了对这些信息进行整序。

（一）关于编目的研究

2003 年 12 月召开的 IFLA 第一次国际编目规则专家会议发布了《国际编目原则声明（草案）》，它根据 FRBR/FRANAR 模型确定编目的对象，从 FRBR/FRANAR 的视角阐述了目录的功能，对书目记录与规范记录中数据元素的本质及其履行目录功能时的作用进行说明，并将编目对象从现行载体表现层次提升到内容表达层次，成功地实现了依据用户利用目录的基本需求来确定目录的功能。在该声明的指导下，《中国文献编目规则（第二版）》于 2005 年正式出版。王松林等将《中国文献编目规则（第二版）》与《国际编目原则声明》进行比较研究，发现在标目方法上，个人名称标目所用语言二者精神基本相符，在团体名称上二者条款也大体相符，但是在团体名称的简称上二者则存在较大分歧，在同一题名上，单语种手工著录符合 PP7.1 条款规定，但多语种联合机读目录则不能统一。[54] 根据《国际编目原则声明》和 FRBR 的最新概念，林明认为统一题名不应再限于描述性编目规则的范围，还应扩展到主题编目，其职能是集中有关论述该作品的著作及不同形式，以便在联机目录中使用。实际上，2008 年出版的 RDA（即 AACR3 的修改名，全称为 Resource Description and Acess）就将用基本检索点的概念取代主要款目，用引用题名取代统一题名。[55]

IFLA 于 1997 年发布 FRBR 后，2003 年又将其主要内容纳入了《国际编目原则声明（草案）》。王松林认为，FRBR 仅是一个实体——关系模型，不是数据模型，将现存格式映射到 FRBR 上虽然可以使检索结果的结构层次鲜明，更好地显示各书目记录之间的关联性，但要实现基于 FRBR 模型的 OPAC 检索，图书馆的编目工作仍需考虑以下问题：文献层次划分、载体表现和内容表达、规范档体系建设、分立式目录体系。[56]谢美萍也提出，连续出版物的著录具有多变性、单一记录与多重记录并行等特点，而将 FRBR 应用于连续出版物编目，存在着定义不明确、统一题名辨识用语不易划分、目录展现不清晰等问题，[57]还需要认真加以研究解决。

编目技术过去一直是图书馆的核心技术，但近年来，随着图书馆编目广泛采用联机套录方式，编目工作在图书馆的地位开始下降。付蔚认为导致编目地位降低的因素有：编目对象多元化、用户信息消费的行为和习惯逐渐从图书馆转移到网上搜索引擎、图书馆核心业务的转移、编目外包商的崛起等，她指出，图书馆编目要继续发挥作用，必须以方便用户查询为原则，使 OPAC 服务的发展与科技发展同步，做到编目规则统一，实现编目成果共享。[58]

MARC 是图书馆文献资源组织的重要工具，也是世界上流行最广的书目数据标准，但随着电子信息资源的出现，MARC 面临前所未有的挑战。刘孝文认为，MARC 要在网络时代重生，其改良形式应该是元数据对象描述模式（MODS）的应用。MODS 具有结构简单、可扩展性和转换能力强、可应用于对多种资源进行描述等特点，它与 MARC 的互操作可以通过元素映射、利用 MARCXML 技术等来实现。目前我们应利用 MODS 来加强数字资源的编目和保存,整合不同载体的馆藏资源,完善国家级的书目数据库,使多种形式的文献信息资源在国家层面上为社会提供使用。[59]

傅红梅等人在分析了联合目录数据库面临的客观环境变化,包括用户信息查找行为的变化、资源出版模式的变化、资源建设模式的变化以后,以中国科学院联合目录数据库为例,提出了利用最新编目理论和技术手段,将中国科学院联合目录数据库纳入到用户使用情景中,以构建一个在开放环境中作为"中间转换层"支持信息资源发现和传递的联合目录数据库的设想。[60]

古籍编目也是 2007 年讨论的一个热点话题。自 2003 年 12 月启动"汉语文古籍联机合作编目"项目后,我国高校古籍书目数据库开始了联合建设。王燕认为,CALIS 古籍联机编目使用统一的编目客户端、著录标准、数据格式、分类法,为揭示和整合高校的古籍文献资源提供了一个高水平的组织模式和技术平台。[61] 到 2007 年 6 月,已有 16 所高校图书馆向 CALIS 古籍联合目录数据库提供了近 3 万条数据。

(二)关于分类法的研究

当前,科技发展迅速,各交叉学科和新兴学科层出不穷,《中图法》(第四版)中的类目设置却未能体现这些新兴学科的文献特色;而在科学高度分化的同时,也出现了科学高度综合化的趋势,使综合性的文献迅速增长。龚杏娟提出,《中图法》虽然修订过多次,但是其结构体系仍没有跨出"单线结构体系"的模式。她主张在《中图法》中增加综合性科学类目的划分层次,在某些含有"综合性科学"的类目中启用第二分类体系,以双字母制来增加"综合性科学"的类目,增加冒号组配编号法等。[62] 施振宏则认为,目前《中图法》存在着闲置类目过多、类目划分太细、类目设置脱离图书分类实际、具有共性区分的类目未编制复分表或采用仿分、类目重复设置等问题,应该对它进行精简。应将文献保证原则和用户保证原则作为《中图法》精简的原则，通过类目使用频率调查和用户调查，为《中图法》的精简提供依据。[63]

杜威十进分类法和美国国会主题词表是目前世界上最为通用的两种受控词表，其电子版得到了广泛的应用。王忠红的研究发现，杜威十进分类法的电子版“视窗杜威”具有以下特点：采用了6个通用复分表、在有关类目下增设复分表、利用类目仿分来处理主题细化和交叉主题、利用主类号组配处理多学科和交叉学科主题等；而美国国会主题词表除列出正式单元标题词和复合标题词外，还具有大量使用自由浮点组配词来表达复杂概念，同时利用典范标题进行组配等特点。[64]司莉等对分类法的等级界面进行了研究，认为建立在分类法基础上的等级导航方式具有快速、易用、查准率高等特点，用户不需要在预先设定检索词的情况下，从学科角度以浏览方式检索信息。她建议《中图法》将类目和结构作适当调整，开发基于《中图法》的等级界面，让用户能够通过主题来访问电子资源。[65]

伴随社会性软件的增加，网络系统中越来越多地应用了分众分类法，即将分类体系完全交给普通用户而不是由分类权威来完成。崔景昌等认为，这种自由分类法比图书馆的分类法更丰富，潜能也更大，是由标签、信息和用户构成的三方网络，表现出了标签的负幂分布和标签比例的稳定等特性。自由分类法为元数据的发展注入了活力，有助于发现和认知权威，同时也为信息检索提供了新的途径。[66]朱烨指出，分众分类法可分为宽分众分类法与窄分众分类法。窄分众分类法是在较窄范围用户中共享专业化信息或知识的平台，它不需要拥有数量庞大的用户，但这些用户在知识结构和兴趣领域方面却具有很大的同质性。可以基于窄分众分类法来构建学科网摘门户，使该门户具有热门标签显示和过滤、文献检索、用户个人文献库、兴趣小组等多方面的功能。[67]

网络的发展使信息资源的产生、传递和利用更加便利，但是要从网络中找到有用的信息却并不容易，于是有学者提出构建主题网关来组织信息资源的设想。李育嫦提出，分类法在主题网关中的基本功能是建立分类浏览结构，满足用户系统检索和浏览的要求，因此可以利用新技术、新方法提高分类法描述网上信息主题的能力，通过加强分类——主题一体化的联系，利用分类法映射提高主题网关之间的互操作能力，改进用户界面，将类目标题词转换为用户习惯性词汇等方式，实现网上信息的组织与检索。[68]

（三）关于主题法的研究

我国汉语主题词表建设虽然取得了很大的成绩，但是它的研制仍基本处于封闭状态，词表应用范围十分有限；而“维基百科”主题词表开放协作的特点却使其发展迅速，在网络上影响很大。两者对照，效果迥然不同。梁冰等通过对“维基”文化的研究提出，应当重新规划我国的词表建设，将“维基百科”作为典范，按国家政策导向进行宏观规划，词表建设体系应当多来源、多技术，词表结构应当技术先进、内容丰富，词表维护应当持续不断，应重点开发词表在若干领域的应用，要动员政府、研究机构、企业等众多社会机构参与汉语主题词表的建设。[69]

主题图作为一种新兴的数字化信息组织技术，在网络信息组织领域逐渐显现出其特性。刘丹等在对国外主题图相关研究进行分析的基础上，提出我国主题图技术研究应当注重基础理论的研究，要开发适合各个具体项目和不同领域的主题图技术工具，将利用主题图构造的实验模型推进到实际应用中，并通过用户的使用评价来不断改进和完善系统的建设。[70]

主题词表经过小型化、专业化的发展阶段之后，跨领域、多来源的兼容化、集成化将是主题词表研究和发展的重要方向，朱礼军等结合当前信息组织研究和 Web Service 技术的发展情况，构思了主题词表集成服务体系结构，包括主题词服务提供者、主题词服务请求者和服务注册中心。其运作机制包括发布、查找和绑定等，其中关联关系的可扩展性是选择合适的词表系统RDFS形式化表示的重要因素，通过在集成后的词表词汇、结构等层面进行一致性处理可以实现语义上的集成，而对词表集成前后的性能评价则应考虑词表的应用目的。[71]

由于叙词表具有更清晰的语义结构，便于从中抽取概念及关系，而本体是以概念和概念之间关系的建立为核心，注重计算机形式化描述，以计算机能够理解的语义内容为前提的，因此贾君枝提出，叙词表转换为本体应当把握四个原则，即围绕特定的应用或领域进行转换、基于唯一概念而非自然语言术语、建立严格的概念之间的关系、利用计算机进行描述等。《汉语主题词表》转换成本体需要调整叙词间的等级关系、等同关系和其他相关关系，未来的研究应关注采用机器学习的方式构建人工智能系统，以实现《汉语主题词表》到领域本体的自动转换。[72]李华等人利用Protégé作为可视化的工具对叙词表进行可视化研究，结果表明，利用Protégé工具进行叙词表可视化具有所显示的信息更加丰富、可实现多级显示、检索易用性强等优点，但缺点是当显示级数低于3时不能显示族首词、有些插件不支持中文、反应速度慢等。他们认为，应当在中文环境下开发可视化的工具，提高可视化操作的自动化程度，使叙词表更适合新时代要求。[73]

（四）关于元数据的研究

图书馆在数字时代将会面对多渠道、多载体、多格式的元数据，如何将印本文献的书目数据与数字资源的元数据整合在一起，这是业界急需解决的问题。赵悦等对此问题进行了探讨，认为数字资源与传统文献元数据整合应遵循方便读者获取信息、有效组织馆藏资源的原则，通过建立数字门户系统对元数据进行系统层次的整合，而数据层次的整合则可以采取两种方式,一种是通过在馆藏书目数据中增加856字段链接相关数字资源,不单独制作数字资源元数据;另一种方式是对不同类型的同一资源分别制作元数据,各自独立存在。[74]

虚拟咨询知识库是用来保存虚拟咨询服务过程中有价值的问题和回答,其元数据将对问答记录的内容和属性进行描述和管理。因此,要实现合作式虚拟参考咨询,必须对知识库的元数据记录进行规范化。梁南燕等提出,虚拟参考咨询知识库元数据的著录对象为问题与回答的内容,应以问答记录为著录单位,其结构分为描述元数据和管理元数据两部分,特点是能够与国外虚拟参考咨询元数据标准相互映射,能够对元数据标准规范进行适当扩展,著录规则符合相关标准规范。[75]

随着音乐信息数量的增长,人们需要对音乐信息进行有效组织。建立一个音乐数字图书馆需要处理复杂的音乐信息描述、表现、组织和利用等问题,而关键问题是各种类型音乐对象之间的关联。洪颖等提出,音乐数字图书馆虽然可以从现有 MARC 编目记录中为录音制品和印刷乐谱导出主要的描述性元数据,但 MARC 应用于音乐数字化存在的问题是,缺乏足够的结构和管理元数据、不透明的先组多面标目、描述不同作品的字段之间缺乏联系、一部作品的多个版本之间链接不足。而以作品为中心的音乐元数据核心是建立各个作品与其关联属性之间的适当链接,主要目的是描述、表达和利用音乐的数字化表现,并将其组织原理应用于所有的音乐资源。因此,以作品为中心的音乐元数据标准在音乐作品关键实体之间建立了富有意义的关系,促进了音乐作品相关信息的联系与整合。[76]

尽管我国电子政务发展迅速,但由于缺乏政务信息管理标准平台,出现了信息孤岛。而将元数据应用到政务信息管理领域,就可以从各政府部门的信息系统中采集信息资源,并通过元数据之间的互操作达到资源共享，从而解决信息孤岛的问题。显然，统一的元数据描述框架可以向公众提供统一的政府信息查询，完善政府信息资源管理体制。吴鹏等人指出，政府信息资源描述框架应该采用XML作为主流的元数据描述语言，该框架主要由模式、应用和环境三部分构成，其中模式层由政府信息资源元数据描述模式框架进行描述，基于XML的元数据描述应用框架支撑了元数据的具体应用，而XML应用框架生命周期和XML元数据技术的协同工作解决了元数据应用的环境，使其获得了可操作性和可持续发展。[77]

由于信息描述的对象及各行业的信息需求不同，涌现出日益庞大的元数据标准体系，导致元数据格式的多样性与交叉性现象，如何克服元数据标准之间的差异，实现数据的有效共享与互操作，是当前信息领域研究的热点问题。毕强等认为，元数据语义互操作问题主要是克服资源描述过程中语义方面的障碍，如语义差别、款目与集合差别、多版本问题等，解决方法主要有元数据衍化、元数据映射、通过中心元数据格式进行转换、制定元数据标准框架、构建元数据注册系统等。解决语法、结构互操作的关键在于建立一个标准的资源描述框架，并利用它来描述所有元数据格式，各个应用系统只要能正确地解析标准描述框架，就能解读相应的元数据格式，从而解决元数据的互操作问题。[78]

（五）其他信息组织新技术的应用研究

信息组织可视化是信息组织的新形式，当前主要采用树形列表反映本体结构，检索结果以文本加超链接方式显示类、属性、实例等之间的语义关系。杨峰等将信息可视化的特征归纳为：先进的工具、认知的目的、抽象的对象、视觉化手段、交互式过程等。[79]而知识可视化是在信息可视化基础之上发展起来，它扩展了可视化的对象和手段，改变了可视化的目标和方式，对知识管理、组织沟通和组织学习都将产生重要影响。张会平等基于知识可视化能够有效表示隐性知识的技术,构建了隐性知识转换模型,将知识可视化技术分为概念图、语义图、因果图和视觉隐喻等方面,并认为基于知识可视化的隐性知识转换模型包括知识表示、沟通平台、知识评价和交互界面等。[80]

互联网上各种图像信息越来越多,使其检索利用十分不便。传统的数据库技术仅允许基于元数据的文本查询,将图像作为一个文件存储在文件系统中,这种数据库模式仅保证了图像的引用,其自动分类的效果并不理想。余肖生等通过图像自动分类方法的比较实验,发现图像自动分类成功与否的关键在于自动分类器的选择与图像特征的抽取方法,而以 Thomas M. L. 为首的研究小组采用 KNN 作为医学图像自动分类器所取得的成功,说明基于 KNN 的图像自动分类模型是可行的。KNN 作为一种比较理想的自动分类器,其自动分类过程大致包括图像预处理、特征表示、机器学习、图像分类等。[81]

简单知识组织系统(SKOS)是 W3C 新近发布的一种网络知识组织系统(NKOS)标识语言标准,目前还处在发展阶段,它在促进受控词表在网络环境下的使用方面具有非常重要的意义。王一丁等通过研究指出,SKOS 是一种较为简单的网络知识组织系统,如叙词表、分类法、主题词表、术语表等,实质上是一套词汇集,主要由 RDF 进行词汇定义。SKOS Core 目前包括 31 个词汇集,并可以同 RDF 以及其他基于 RDF 的词汇集混合使用。SKOS 针对概念框架标识这一具体应用领域,提供统一标识标准,简洁、通用、易扩展、与语义 Web 以及传统图书馆学领域有着紧密的联系,这将大大促进概念框架这类 NKOS 的创建、应用和共享,在一定程度上解决网络信息的组织和检索问题。[82]

四、数字图书馆研究

数字图书馆的理论研究与建设实践自20世纪90年代在美国兴起之后，逐渐在世界范围内成为图书馆学界的热点话题。近年来，我国图书馆学研究者在对国外数字图书馆领域的发展变化进行及时跟踪的基础上，结合国情开展深入的研究，目前已取得一定的成就。

从数字图书馆研究的整体情况看，2007年涉及最多的命题是有关数字图书馆服务的研究，其中研究的内容又可分为三个层面：与服务相关的理论研究，包括个性化服务、数字参考咨询、用户研究、用户教育、Web2.0与Lib2.0等数字图书馆服务理念研究；数字图书馆技术研究，包括与服务相关的系统平台构建模式与方法研究等；数字图书馆相关问题研究，包括服务质量评价等由服务衍生的相关问题研究等。

叶鹰提出，数字图书馆研究者应该以开源互动的理念来指导对图书馆2.0的研究，他认为Web/Lib2.0的核心精神是“开源、互动”，而体现这一精神的图书馆2.0资源模式是具有微结构的微内容，实现这一模式的技术途径是需要一个图书馆2.0的引擎，而具备个性化设计的宏服务则是图书馆2.0的服务形式，因此，图书馆2.0与个性化图书馆的结合正是数字图书馆的发展方向。[83]胡胜男也从用户需求角度出发，通过对数字图书馆价值链的构建进行分析后，提出了数字图书馆的核心价值活动已转为充分满足用户需求、为用户创造价值的观点，[84]对我国数字图书馆建设实践具有较大的指导意义。

袁红军则在其研究中分析了目前国内7种具有代表性的数字图书馆虚拟参考咨询项目运行情况，为国内数字图书馆开展虚拟参考咨询服务提出了一些实事求是的建议，包括加强队伍建设、重视非实时型参考咨询、关注效益、慎重开展实时虚拟参考咨询、增强协作的力度及协作的规范化等，以推动数字图书馆虚拟参考咨询服务在我国的可持续发展。[85]

数字图书馆涉及的相关技术包括数字信息的存储和组织技术、智能型全文检索技术、多媒体处理技术、知识产权保护技术以及相关标准等，2007 年我国数字图书馆的研究对此都有涉及。如黄晨以维基（Wiki）和标签（Tag）为例，从 Web2. 0 概念及其在图书馆中应用的可能性和 Lib2. 0 应用 Web2. 0 概念的现实创新性这两个角度探讨了 Lib2. 0 的观念与变革问题，提出了以维基作为参考咨询升级模型和以标签作为编目体系升级模型的新思路。[86] 而朱良兵的研究则在介绍主题图和 Web2. 0 的基础上，从 Web2. 0 的四个主要应用方面来探讨主题图与 Web2. 0 的融合之道，具体分析主题图在 Blog、RSS、Wiki 和 Tag 中的应用，并对目前具有代表性的几个系统，包括基于主题图的语义 Blog 系统 Semblogging、基于主题图的 RSS 系统 RssZXTM、基于主题图的 Wiki 系统 Tmwiki、基于主题图的社会书签系统 Fuzzzy 等进行了详细的介绍。[87]

信息技术的发展在带给数字图书馆发展机遇的同时，也带来了网络安全、用户信息管理等方面的问题。张涛具体分析了影响图书馆网络安全的因素，如计算机病毒、网络攻击、非法访问等，并给出相应的防范措施，包括操作系统安全防护、图书馆网络与校园网相互隔离、图书馆自身制度的完善、建立完善的防病毒系统等。[88]

在数字图书馆评估方面，刘炜等人通过文献调研和历史考察，认为目前国内外对数字图书馆评估都缺乏成熟的研究成果和可供实践的完整体系。为此，他们将评价对象集中在复合型图书馆，以目前城市图书馆的目标、职能为背景，以传统图书馆的评估方法和指标体系为参考坐标，利用近年来数字图书馆评估理论、方法的研究成果,提出了一套适用于我国数字图书馆建设的评估模型和参考指标体系。[89]王晓军也提出,适合图书馆尤其是高校图书馆的评估模式应当是基于局域网的数字图书馆——混合图书馆(Hybrid Library)的评估模式,他还对首尔教育大学研究人员根据“德尔菲法”(Delphi Method)制订出的混合图书馆评估模式进行了完善,增加了数字环境下图书馆评估中关于版权保护、读者评估等内容。[90]

值得一提的是,2007年数字图书馆研究中还涌现出了一批相关的专著,如张付志的《异构分布式环境下的数字图书馆互操作技术》论述异构分布式环境下的数字图书馆互操作技术,介绍基于元级搜索服务的数字图书馆互操作解决方案、数字图书馆包装层的生成技术等;[91]张晓林的《数字图书馆理论、方法与技术》收录作者自2000年以来就数字图书馆的体系架构、核心技术、标准规范、建设管理、发展趋势等方面所撰写的主要文章,反映数字图书馆实务界和图书馆领导层对数字图书馆建设与发展的思考;[92]王兰成的《数字图书馆技术:信息集成与信息检索》论述数字图书馆信息的组织技术、异构数据的集成架构与方法、语义数据词典的结构与开发、系统信息集成的基础平台及其技术、信息内容检索的标引挖掘技术、数字图书馆信息集成与信息检索技术的开发、信息集成与信息检索系统的新设计等方面的研究成果。[93]

五、图书馆法治建设研究

2007年研究者们继续对图书馆法治研究的各个领域进行关注,包括图书馆的立法研究、图书馆职业道德规范与职业资格认证制度研究、网络环境下图书馆对著作权合理使用的研究、图书馆与信息网络传播权的研究等。

(一)关于图书馆立法的研究

图书馆立法自从2001年4月启动以来一直受到学者的广泛关注。李国新提出,图书馆立法不仅仅是制定一两部专门性的法律法规就可以完成的,而是需要形成图书馆事业发展的法律保障体系,营造一个图书馆事业发展的法治环境。"十一五"规划纲要的实施为我国图书馆事业基本法的颁布提供了一个良好的社会大背景,明确了以图书馆事业在内的公共文化服务体系建设的方向,图书馆人应该抓住"十一五"这个关键发展时期大力推动我国图书馆立法事业的发展。[94]马海群等提出我国图书馆立法体系构建需要解决的几个核心问题,如图书馆立法的法律定位、价值取向、立法模式、立法效率、关键内容等。他们认为,图书馆立法只有解决了数字环境下图书馆著作权合理使用问题、图书馆的权利与义务问题、图书馆与政府责任问题、图书馆制度等关键问题,立法才能有的放矢,真正发挥为图书馆事业发展保驾护航的作用。[95]

罗明兰对图书馆专门法和行业自律的关系进行研究,她认为行业自律在演进后生成法律,而法律还原后即呈现出行业自律,行业自律与图书馆法律之间是互为因果的关系,因此图书馆立法要以审慎刻意的方式对图书馆已有的公正、公平制度体系进行确认,从理性的角度思考自律与法律之间的关系,在实践中寻找图书馆立法的最佳途径。[96]

(二)图书馆职业道德规范与职业资格认证制度研究

由国家社科基金资助的重点研究项目"我国图书馆员职业资格认证制度的建立与实施"于2007年完成,《国家图书馆学刊》2007年第3期对相关研究成果进行集中展示。其中,王世伟对在我国三大图书馆系统中实施职业资格认证制度面临的体制问题、政策问题和法制问题进行分析,建议三大系统之间要做好部际协调工作,国家有关部门要进行政策的配套改革，要积极推进中国图书馆法的制定，要先选择一些省市进行职业资格认证制度试点，然后再全面推进。[97]王青云在对图书馆职业资格认证制度和图书资料系列职称评定制度进行比较后，指出了专业职称评定制度的弊端和职业资格认证制度的优势，他认为，从长期来看，职业资格认证制度将代替职称评定制度，但短期内职业资格认证制度的实施还有很大的难度。[98]蒋弘提出，图书馆馆长作为图书馆中的最高领导者，也应该同馆员一样有一个认证制度，这是国际化的趋势。实行准入制度有利于改善和提升我国图书馆馆长的专业素质，但在目前条件下，要求馆长与员工同时转入职业资格认证的轨道时机还不成熟，有些问题还需要解决，其中包括：馆长认证的标准问题、专业认证与图书馆职业的开放性关系、职业认证与人事管理权限的矛盾等。[99]

对国外图书馆职业资格制度的介绍有利于我国图书馆职业资格制度的建立和完善，金小璞等人对英国、美国、韩国、日本的图书馆职业资格制度的发展、制度特色进行分析和梳理，指出图书馆职业资格认证制度的建立是一项系统工程，需要全面考虑职业资格与立法、职业资格与专业教育、实行职业资格制度中的普遍问题与图书馆存在的特殊情况之间的关系，只有这样才能形成完善的制度链条上所有要素的保障。[100]

（三）网络环境下图书馆对著作权的合理使用研究

著作权的合理使用是图书馆界关注的一个焦点，使得这方面的研究成果较多。许明金等人认为，合理使用作为实现利益平衡的一种法律技术，在数字技术和网络环境的冲击下，已经无法平衡著作权人和广大公众之间的利益，著作权人权利扩张的呼声越来越高，合理使用空间被不断挤占。尽管合理使用制度受到了严重的挑战，但其存在的基础还没有动摇，图书馆界仍然需要积极合作，在坚持合理使用原则的同时，积极采用法定许可、授权许可等权利限制方式,减少不合理的权利过度垄断,促进信息的流通,进一步推进数字图书馆的建设和发展。[101]赵振营也提出,图书馆界在著作权法的立法活动中扮演着双重角色,一方面图书馆应该是著作权立法的参与者,不能在著作权立法活动中缺位;另一方面图书馆也是著作权法的履行者,因此图书馆界应积极协调好著作权人和广大公众之间的利益关系,应对好目前著作权保护强化和知识共享趋势并存的国际环境,在我国著作权法的修订中积极参与,取得图书馆界的话语权。[102]

针对网络环境或数字图书馆建设等情况遇到的著作权问题,张晓琳提出,要解决著作权合理使用问题,首先要增强图书馆员的著作权意识,其次应尽快完善我国著作权集体管理制度、适当放宽著作权合理使用的范围,并且允许数字图书馆享有合理使用的"特权"。[103]张胜珍等人针对高校图书馆数字化建设中诸如馆藏文献数字化、信息的网络传播和自主数据库建设中的著作权问题,指出有必要在尊重他人著作权的基础上区分合理使用、法定许可和授权许可等不同情形的著作权保护,从而有效地引导我国高校数字图书馆的建设。[104]李秀莲认为网络环境下合理使用的内容已经发生变化,越来越激烈的利益冲突和平衡需求对数字环境下的传播权限制和相关的法律制度提出挑战,应该将传统条件下的图书馆和当前媒体频频出现的商业性的"数字图书馆"进行区别,明确界定合理使用的范围,以推行"创作功用"机制、引入授权要约模式等方式来解决数字环境下的图书馆合理使用问题。[105]

(四)图书馆与信息网络传播权研究

《信息网络传播权保护条例》的颁布,赋予了网络环境下著作权人新的权利,它的实施也有助于在图书馆领域构筑新的利益平衡,有助于图书馆对信息资源进行科学配置和合理开发。该《条例》提供图书馆使用数字作品的法律依据,设置图书馆规避法律风险的一般程序，赋予图书馆员培训与用户教育新的内容，对图书馆有重要的意义。秦珂指出，在《条例》规定的信息网络传播法律保护环境下，图书馆界不应该只停留在对《条例》具体条款的争论和褒贬不一的评价层面上，而应该在分析《条例》对图书馆会产生哪些正面和负面影响的基础上，选择图书馆在新的法律环境中应该采取的对策，更理性地在法制轨道上实现图书馆在数字环境下的使命。[106] 黄雪婷阐释了《信息网络传播权保护条例》给图书馆带来的启示，她认为图书馆应该高举代表公众利益的旗帜，积极参与著作权方面的讨论，对《条例》中的某些规定采取灵活变通的方式加以执行，继续发挥好自身信息传播媒介的作用。[107]

肖尤丹对网络环境下一种新的授权许可协议——Creative Commons（创作功用）进行了阐释，这种新的授权许可协议可以使作者与作品的使用者之间就使用、复制等问题达成一致，构成一种作品使用许可合同或作品授权许可合同。这种协议对传统的著作权制度会产生一定的影响，有可能改写著作权法的规则。因此她提出，应该建立一个全新的、多层次的、立体的合理使用体系，从而形成网络环境下更合理、更有弹性的著作权保障模式。[108]

（五）其他相关研究

图书馆法治研究的范围很广泛，除上述几个比较集中也比较热门的话题外，还有一些问题受到研究者的关注。

随着公共图书馆的普及，更多的读者会选择去图书馆借阅图书而放弃自己购买图书，这将使获得版税收入的作者在经济上受到一定的损失。而公共借阅权作为作者利益保障的一种制度，可以使作者通过国家的宏观调控来得到一定的经济补偿。陆菲等人指出，应将公共借阅权制度纳入到我国的《著作权法》中，通过建立补偿金管理机构，确定分配标准并由政府来承担支付义务，以确保权利人的经济利益不受损失。他们在对国内外公共借阅权的理论与实践进行研究后，对公共借阅权的法律关系进行探讨，分析公共借阅权的权利主体和权利客体，并对我国建立公共借阅权制度提出相关的建议。[109]

随着我国第一部专门针对个人信息保护的法律——《个人信息保护法》的出台，图书馆学研究者的相关研究也开始兴起。许多研究者认为，《个人信息保护法》既对图书馆信息服务有一定的指导作用，也对图书馆信息服务提出一些挑战，图书馆界必须制定适当的对策来加以应对。刘青等人从立法保护、机制改革、技术改进等方面探讨《个人信息保护法》对图书馆信息服务可能产生的影响及图书馆应该采取的对策，认为《个人信息保护法》主要是对图书馆信息服务中涉及的用户信息采集、分析、存储和传播等环节产生影响，建议图书馆界积极推进图书馆法的立法工作，争取用法律来保护图书馆事业的发展；建立完善的信息控制机制；建立图书馆信息服务人员个人信息处理资格确认制度；采用用户能够接受的技术作为信息服务的支持手段；对图书馆员进行个人信息保护的宣传培训等。[110]

张力以一个法律学者的身份对比较敏感的公共图书馆服务收费涉及的法律问题进行研究，分析数字环境下公共图书馆一般服务中收费的代（作者等权利人）收费权性质与信息增值服务中收费的自营收费权性质以及二者的区别，呼吁图书馆秉承《公共图书馆宣言》的精神，严格界定图书馆基本服务的免费性与特殊服务收取一定补偿费用的有偿性。[111]

数据库的知识产权保护问题一直受到图书馆界的广泛关注，相关方面的研究成果也十分丰富。邱均平等通过对欧盟和美国在数据库知识产权保护方面的考察与分析后指出，借鉴国外的经验，我们需要在平衡论原则的指导下完成对我国数据库知识产权保护的立法，而我国数据库知识产权保护必须以实现两种平衡为前提：一是实现对数据库开发者的激励与使用者对数据库的需求、使用之间的平衡；二是实现数据库知识产权中私人利益与公众利益之间的平衡。只有实现了这两种平衡，才能最终解决数据库的知识产权保护问题。[112]

（参加本课题研究的成员有：北京大学信息管理系博士研究生朱荀、张丽、吴汉华、李华伟及硕士研究生刘雅琼等）

参考文献

[1]黄宗忠. 论现代图书馆学原理. 图书情报知识，2007(1)

[2]范并思. 论重构图书馆学基础理论的体系. 图书馆论坛，2007(6)

[3]陈传夫，吴钢. 图书馆业态的变化与发展趋势. 中国图书馆学报，2007(3)

[4]蒋永福. 图书馆学话语的谱系学分析——图书馆学话语三大族系概述. 中国图书馆学报，2007(1)

[5]郑全太等. 图书馆学概念和理论体系的创新与转型散论. 图书馆，2007(1)

[6]杨文祥，郑晓雯. 图书馆学研究方法与方法论体系影响因素分析——关于21世纪图书馆学方法论体系及相关问题的若干思考之一. 图书与情报，2007(2)

[7]徐建华. 引言：从实证的角度研究当代图书馆员的工作满意度. 图书情报知识，2007(5)

[8]刘兹恒. 对我国图书馆学应用研究的一些看法. 国家图书馆学刊，2007(4)

[9]王子舟. 面向知识的图书馆学发展新趋势. 中国图书馆学报，2007(1)

[10]马恒通. 图书馆知识传播论纲. 中国图书馆学报，2007(6)

[11]王益明. 长尾理论和图书馆服务的变革. 数字图书馆论坛，2007(4)

[12]周军兰. 长尾理论与图书馆. 图书情报工作，2007(4)

[13]徐洪升. 图书馆职业精神的内涵与特征. 图书馆理论与实践，2007(2)

[14]李素萍，黄永炎. 试论新时期图书馆精神. 图书馆建设，2007(1)

[15]王知津，樊振佳. 当代中国语境下的图书馆核心价值. 中国图书馆学报，2007(5)

[16]蒋永福. 文化权利：中国图书馆行业的核心价值. 图书馆论坛，2007(6)

[17]彭前卫. 图书馆权利与责任的整体性思考. 图书馆杂志，2007(12)

[18]向建均. 基于图书馆精神的图书馆权利. 图书馆杂志，2007(10)

[19]陈方劲. 谈我国图书馆立法与维护读者权利. 山东图书馆季刊, 2007(02)
[20]袁庆东. "图书馆自由"概念之内涵——以日本《图书馆宣言》为例. 图书馆理论与实践, 2007(2)
[21]林桦. 论图书馆的自由与自律. 图书情报工作, 2007(12)
[22]刘兹恒, 潘梅. 及之而后知履之而后艰—纪念周文骏先生《文献交流引论》出版 20 周年. 中国图书馆学报, 2007(1)
[23]范并思. 文献交流论的理论价值. 国家图书馆学刊, 2007(1)
[24]王子舟等. 衡旧如新立意高,遗篇一读想风标——纪念刘国钧先生《什么是图书馆学》发表 50 周年座谈. 图书情报工作, 2007(3)
[25]吴慰慈, 蔡箐. 刘国钧先生在图书馆学理论领域中的深远影响. 图书情报工作, 2007(3)
[26]程焕文. 岭南模式：崛起的广东公共图书馆事业. 中国图书馆学报,2007(3)
[27]邱冠华. 人民的图书馆：公共图书馆向基层延伸的模式研究. 图书馆建设,2007(6)
[28]于良芝. 建立覆盖全社会的公共图书馆服务体系. 图书与情报, 2007(5)
[29]范并思. 政府公共图书馆服务理念的根本性转变. 图书与情报, 2007(5)
[30]蒋永福. 文化权利、公共文化服务体系与公共图书馆事业. 国家图书馆学刊, 2007(4)
[31]于良芝. 为了普遍均等的图书馆服务——评苏州图书馆的分馆建设. 国家图书馆学刊, 2007(3)
[32]张广钦. 民营图书馆的生存、问题与发展. 图书情报工作,2007(9)
[33]于良芝. 公共图书馆存在的理由：来自图书馆使命的注解. 图书与情报, 2007(1)
[34]施强. 基于构建和谐信息社会的图书馆信息资源建设. 图书馆理论与实践, 2007(4)
[35]柳较乾等. 图书馆信息资源的宏观优化与整合研究. 情报杂志, 2007(3)
[36]崔瑞琴,孟连生. 数字信息资源整合问题研究. 图书情报工作, 2007(7)
[37]张燕萍. 高校图书馆信息资源整合现状及发展策略分析. 现代情报, 2007(8)
[38]金胜勇,苏娜. 关于信息资源共享误读之辨析. 情报理论与实践, 2007(2)
[39]文庭孝,陈能华. 信息资源共享及其社会协调机制研究. 中国图书馆学报, 2007(3)

[40]胡昌平,乐庆玲. 高校图书馆虚拟社区构建初探. 现代图书情报技术, 2007(11)
[41]柳春阳,刘兹恒. OCLC 对我国信息资源共享的启示——纪念 OCLC40 周年. 图书馆, 2007(5)
[42]肖自力. 关于馆藏建设的思考. 图书馆, 2007(4)
[43]王卫. 不确定性条件下高校图书馆的书刊采购问题. 图书情报工作, 2007(10)
[44]王槐深. 电子资源采购的特点与应遵循的原则探析. 现代情报, 2007(10)
[45]肖希明,黄连庆. 以需求为导向的数字信息资源开发. 中国图书馆学报, 2007(6)
[46]臧国全. 基于调查案例的美国图书馆信息资源数字化项目实施分析. 图书情报知识, 2007(115)
[47]何朝晖等. 共建共享数字资源的可持续利用研究. 大学图书馆学报, 2007(2)
[48]刘冬青. 探析科技文化创新环境下古籍文献的保护与修复——兼谈高校图书馆古籍文献保护与修复的整改新措施. 图书馆工作与研究, 2007(2)
[49]杜伟生. 古籍修复原则. 国家图书馆学刊, 2007(4)
[50]葛怀东. 古籍修复人才的培养. 图书馆论坛, 2007(1)
[51]毛建军. 古籍数字化的概念与内涵. 图书馆理论与实践, 2007(4)
[52]覃燕梅. 我国高校图书馆古籍文献保护工作研究. 图书馆论坛, 2007(4)
[53]徐清等. 古籍数字化资源的深度开发. 图书情报工作, 2007(3)
[54]王松林等.《中国文献编目规则》与“原则声明”之比较. 中国图书馆学报, 2007(1)
[55]林明. 从国际编目原则看统一题名. 国家图书馆学刊, 2007(1)
[56]王松林. FRBR 与编目工作思考. 国家图书馆学刊, 2007(2)
[57]谢美萍. FRBR 在连续性资源编目中的应用. 图书馆杂志, 2007(3)
[58]付蔚. 图书馆编目技术服务的未来. 图书馆杂志, 2007(5)
[59]刘孝文. 从 MARC 到 MODS：编目元数据 MODS 分析与研究. 图书馆杂志, 2007(7)
[60]傅红梅,路纳新. 构建支持资源发现和传递的联合目录数据库. 图书情报工作, 2007(7)
[61]王燕. CALIS 汉语文古籍联机编目系统. 大学图书馆学报, 2007(6)
[62]龚杏娟.“综合性科学”文献的列类与分类杂谈. 图书与情报, 2007(4)

[63]施振宏. 关于精简《中图法》的探讨. 图书情报工作, 2007(9)
[64]王忠红. WebDewey 和电子版 LCSH 组配技术探微. 图书馆杂志, 2007(12)
[65]司莉等. 基于国会图书馆分类法的等级浏览界面(HILCC)研究及其启示. 图书馆杂志,2007(1)
[66]崔景昌,刘德洪 自由分类法的社会性及其利用. 图书情报工作, 2007(2)
[67]朱烨. 基于窄分众分类法构建学科网摘门户初探. 图书情报知识, 2007(1)
[68]李育嫦. 分类法在主题网关信息资源组织中的应用探析. 图书情报知识, 2007(1)
[69]梁冰,乔晓东. 从维基文化看我国词表建设. 图书情报工作, 2007(7)
[70]刘丹,包平. 国外主题图研究综述. 现代图书情报技术, 2007(12)
[71]朱礼军等. 跨领域多来源主题词表集成与服务研究. 现代图书情报技术, 2007(1)
[72]贾君枝.《汉语主题词表》转换为本体的思考. 中国图书馆学报, 2007(4)
[73]李华等. 用本体构建工具 Protégé 实现叙词表的可视化. 图书馆杂志,2007(4)
[74]赵悦,富平. 数字资源与传统文献元数据整合. 国家图书馆学刊, 2007(2)
[75]梁南燕,肖珑. CALIS 虚拟咨询知识库元数据规范的设计应用. 现代图书情报技术, 2007(10)
[76]洪颖. 音乐信息元数据标准的研究. 图书馆工作与研究, 2007(1)
[77]吴鹏等. 政府信息资源元数据描述框架研究. 中国图书馆学报, 2007(1)
[78]毕强,朱亚玲. 元数据标准及其互操作研究. 情报理论与实践, 2007(5)
[79]杨峰,李蔚. 评价信息可视化技术的指标研究. 图书情报知识, 2007(7)
[80]张会平,周宁. 基于知识可视化的隐性知识转换模型研究.. 现代图书情报技术, 2007(2)
[81]余肖生等. 基于 KNN 的图像自动分类模型研究. 中国图书馆学报, 2007(1)
[82]王一丁,王军. 网络知识组织系统表示语言: SKOS. 大学图书馆学报, 2007(4)
[83]叶鹰. 开源互动理念指引图书馆 2.0 研究——兼论图书馆 2. 0 与个性化图书馆的结合. 图书馆杂志, 2007(8)
[84]胡胜男. 基于用户需求的数字图书馆价值链分析. 图书馆学研究, 2007(6)
[85]袁红军. 国内若干虚拟参考咨询项目调查与分析. 图书馆论坛, 2007(2)
[86]黄晨. Lib2. 0 的观念与变革——以维基(Wiki)和标签(Tag)为例. 图书

馆杂志，2007(8)
[87]朱良兵. 主题图在 Web2.0 中的应用研究. 图书馆杂志，2007(5)
[88]张涛. 图书馆网络安全的常见现象及防御措施. 情报探索，2007(7)
[89]刘炜等. 数字图书馆评估研究. 图书情报工作，2007(5)
[90]王晓军. 数字图书馆评估模式探讨. 图书情报知识，2007(4)
[91]张付志. 异构分布式环境下的数字图书馆互操作技术. 北京：电子工业出版社，2007
[92]张晓林. 数字图书馆理论、方法与技术. 北京：北京图书馆出版社，2007
[93]王兰成. 数字图书馆技术：信息集成与信息检索. 北京：国防工业出版社，2007
[94]李国新. 立法保障是最根本的保障. 图书与情报，2007(5)
[95]马海群,王政. 我国图书馆立法的几个核心问题. 国家图书馆学刊，2007(4)
[96]罗明兰. 行业自律与图书馆法之生成. 图书馆工作与研究，2007(1)
[97]王世伟. 在我国三大系统图书馆中实施职业资格认证制度面临的问题. 国家图书馆学刊,2007(3)
[98]王青云. 图书馆职业资格认证制度与图书资料系列职称制度之比较. 国家图书馆学刊，2007(3)
[99]蒋弘. 我国图书馆馆长的职业资格认证问题. 国家图书馆学刊，2007(3)
[100]金小璞等. 英美韩日图书馆职业资格制度的经验与借鉴. 图书馆杂志，2007(11)
[101]许明金,林杨. 数字时代图书馆著作权合理使用制度研究. 图书馆，2007(4)
[102]赵振营. 图书馆界在著作权法中的双重角色. 图书馆建设，2007(4)
[103]张晓琳. 网络环境下数字图书馆建设中的版权问题分析. 现代情报，2007(12)
[104]张胜珍,伍治良. 我国高校数字图书馆建设和服务中的著作权问题. 图书情报知识，2007(5)
[105]李秀莲. 图书馆版权问题研究. 图书馆理论与实践，2007(5)
[106]秦珂.《〈信息网络传播权保护条例〉对图书馆的影响和启示》. 图书情报工作，2007(5)
[107]黄雪婷.《信息网络传播权保护条例》给图书馆的启示. 四川图书馆学报，2007(2)

[108]肖尤丹. 网络环境下多元著作权保护制度的建构——以“Creative Commons”机制与合理使用为视角. 图书情报知识, 2007(3)

[109]陆菲,高山行. 关于公共借阅权相关法律问题的思考. 图书情报知识, 2007(1)

[110]刘青,黄圆圆.《个人信息保护法》对图书馆信息服务的影响及对策探讨. 大学图书馆学报, 2007(3)

[111]张力. 数字环境中公共图书馆服务收费权的法律性质分析. 图书馆理论与实践, 2007(4)

[112]邱均平,王钰. 平衡论视角下的数据库知识产权保护. 图书馆工作与研究, 2007(4)

分报告八：中国图书馆学会

中国图书馆学会是由全国图书馆及相关行业或机构科技工作者自愿结合成立的全国性、公益性、学术性、非营利性的群众团体，是党和政府联系图书馆工作者的桥梁和纽带，负有孕育创新思想、激发创造活力的重要功能，承担着促进学科发展和人才成长、推进自主创新、传播科学文化、规范学术行为、促进学术生态建设、提供服务和反映诉求等重要职责，因此，中国图书馆学会是我国图书馆事业发展中不可或缺的、发挥独特作用的一支重要力量。

2007 年，中国图书馆学会在七届理事会的领导下，以科学发展观和共建和谐社会为导向，以满足社会科学文化需求，满足图书馆及广大会员和图书馆工作者需求为出发点，丰富理论研究，加强科学指导，积极投身实践，推动了我国图书馆事业的和谐发展。

一、聚合各方力量，鼓励学术活动的多元化和开放性

2007 年 8 月 4—8 日，主题为“图书馆：新环境、新变化、新发展”的 2007 中国图书馆学会年会在兰州召开，800 余名代表参会，收到征文 1092 篇。举行了中国图书馆学会优秀会员、优秀学会工作者、韦棣华奖学金和“全民阅读”活动颁奖仪式和“中国图书馆学会志愿者行动”颁证仪式。启动“全民阅读”赠书计划；举行向甘肃省基层图书馆赠书仪式。5 个主题报告研究我国图书馆面临的新的发展问题，内容厚重、深刻，视野开阔，富于前瞻性和指导意义，具有很强的

理论性和实践性；开设的 14 个分会场是历次最多的一年。依托厦门大学图书馆“网志中心”，首次对会议全程进行网络直播报道，提高了年会的参与度、影响力和传播力。“2007 年中国图书馆应用技术与专业设备及图书馆资源展览会”同期举办。

10 月 30 日至 11 月 2 日，主题为“中德社区乡镇图书馆建设与发展”的“第二届百县馆长论坛——中德社区乡镇图书馆建设国际研讨会”在江苏常熟召开，132 人与会。会议展现出政府高度重视；议题切中图书馆事业发展的重大问题，引领了未来县级图书馆的发展方向；关注社会力量参与公共图书馆建设；中外比较，国际视野；报告、讨论、展览、参观相结合，内容丰富等特点。香港图书馆专家介绍香港地区社区图书馆建设的模式和经验，歌德学院组织的 3 位专家对德国基层图书馆现状及其管理体制做了全面介绍，与会代表就构建图书馆服务网络体系和读者服务等问题进行深入交流与探讨。会议发布了《常熟共识》，拟就目前县级图书馆发展中存在的一些重大问题组织调研并向政府有关部门提供决策参考。

9 月 7—14 日，学会再次作为牵头单位，联合中国青少年科技辅导员协会和中国科教电影电视协会在武汉承办“2007 中国科协年会”第 12 分会场。组织 220 余名各地代表参加科协年会大会及分会场学术交流活动；成功举办“图书馆建设与节能环保”专题学术研讨会。

11 月 25—29 日，由中国高等教育数字化图书馆、国家数字图书馆、中国图书馆学会等 5 个单位共同主办，学会数字图书馆建设与研究专业委员会和高校图书馆分会等承办，深圳市科技图书馆（深圳大学城图书馆）协办的“2007 数字图书馆建设与应用研讨会暨成果展示会”在深圳市科技图书馆隆重召开，大会主题为“中国数字图书馆十年：回顾与展望”。国内外近 300 位图书馆界知名专家与会。研讨会设立以数字图书馆理念与发展、数字资源建设与管理、数字图书馆服务、数字图书馆系统等为主题的 4 个分会场，与会代表就数字图书馆发展的各相关问题进行深入探讨与交流。“2007 数字图书馆建设与应用成果展示会”同期举办。

11 月 18—19 日，在大连举办主题为“公共图书馆的社会教育”的“第十九届全国十五城市公共图书馆工作研讨会”。出版文集《公共图书馆教育职能研究》。

同时，各专业委员会会议陆续举办：

1. 目录学专业委员会于 5 月在重庆召开“第五届全国目录学学术研讨会”，主题为“数字时代目录学的发展”。

2. 建筑与设备专业委员会等单位于 5 月 10—12 日在上海同济大学举办“2007 海峡两岸四地图书馆建筑学术研讨会”，来自中国内地及港澳台地区图书馆界和建筑界的 150 余名代表参会，主题为“图书馆建筑与空间设计”。

3. 资源建设与共享专业委员会等单位于 5 月 30 日—6 月 2 日在大连协办“第二届全国图书采访工作研讨会”，150 余名代表参会。研讨会由国家图书馆主办。

4. 社区乡镇图书馆专业委员会、全国中小型公共图书馆联合会于 9 月 15—18 日在山西大同共同主办“第六届中国社区乡镇图书馆发展战略研讨会暨全国中小型公共图书馆联合会 2007 年研讨会”，180 余名代表参会，主题为“市县图书馆与乡镇社区图书馆：建设与发展”。

5. 古籍整理与文献保护专业委员会于 10 月 21—23 日在沈阳召开 2007 年全国图书馆古籍工作会议，86 名代表参会，主题为“科学保护，合理利用——图书馆古籍工作的和谐发展”。

6. 图书馆学理论研究专业委员会于 11 月 28—30 日在重庆召开“第五次全国图书馆学基础理论学术研讨会”，38 名代表参会，主题为“继承、发展与完善——立足于当代图书馆实践的图书馆学理论研究”。

各分支机构也相继举办各种活动。专业图书馆分会在昆明举办“专业图书馆的知识服务实践探索”年会，下属各专业委员会、秘书处举办专题活动 4 次;在资源共建共享、文献创新服务和服务系统平台建设方面举办数次专题学术讲座。军队院校图书馆委员会组织贯彻科学发展观笔会,优秀论文集由国防大学出版社正式出版。医院图书馆委员会及下属各分会共举办学术报告、专业培训、科研开发、专题讲座等各类活动 192 次,参加人数约 7000 人,累计交流论文 900 篇,同比去年增加 20%,其中 6 人担任省部级(含)以上科研项目开发的负责人。高校图书馆分会开展了“第三届余志明《文渊阁四库全书电子版》学术成果奖”评奖,举办“文献资源建设研讨会”等 6 次学术活动。党校图书馆委员会召开委员会成立 20 周年纪念大会暨理论研讨会,回顾委员会成立 20 年来所走过的历程,评比和颁发 2005—2006 年度科研成果奖。

二、关注社团改革进程,提高民主办会能力

1. 召开七届四次、五次常务理事会和七届三次理事会。审议年度理事建议案,通过《中国图书馆学会学术成果奖评选办法》(试行)、《2005—2007 中国图书馆学会优秀会员、优秀学会工作者名单》和部分理事、常务理事的变更;讨论了《中国图书馆学会青年人才奖评选办法》(讨论稿)和《中国图书馆学会学生会员管理办法》(草稿)。

2. 召开 2007 年秘书长联席会议。会议 1 月 24—28 日在海南三亚召开,传达了中国科协全国学会组织建设工作座谈会精神;就会员发展工作的现状以及存在问题进行了分析;对《中国图书馆学会组织建设工作调查问卷》侧重会员服务的 11 个议题进行讨论。

3. 召开“2007 全国图书馆学会工作会议”。为贯彻落实《中国科协关于加强学会工作的若干意见》,11 月 11—15 日在天津,继 1998 年后第二次召开了“2007 全国图书馆学会工作会议暨 2008 中

国图书馆学会秘书长联席扩大会议”。全国学会、各分支机构、各地方学会的约110名代表与会。特邀中国科协学会学术部杨文志副部长作题为“新时期科技社团的创新发展——学习贯彻党的十七大精神，深入落实全国学会工作会议精神”的大会报告；汤更生秘书长作题为“肩负新时期学会工作的责任与使命，推动中国图书馆事业走上科学发展之路”的报告；11位代表从学术交流、科研创新、科普阅读等方面作了先进典型发言。在秘书长联席会上，黑龙江、安徽等省学会分别通报了2007年的重点、亮点工作；浙江和甘肃省学会秘书长作了典型发言。会议期间举办了“中国科协个人会员管理系统培训班”和《图书馆服务宣言》(草案)征求意见座谈会。

4. 创新会员服务方式。举办“2007企业会员新春联谊会”，年会期间举办“2007中国图书馆学会会员信息发布暨联谊晚会”；4月学会网站推出“会员论坛”，截至11月底已发布会员征文42篇；《中国图书馆学会工作通讯》实现会员网上全文浏览与下载；全年新发展个人会员805人，事业团体会员10个，企业团体会员9个；网上公布会员名单，增加组织信息的透明度，树立会员荣誉感。

5. 开展优秀会员和优秀学会工作者评选工作。4—7月，开展了2005—2007年度学会优秀会员和优秀学会工作者的评选工作。经各分支机构、地方学会评选、推荐及七届五次常务理事会审议通过，授予335名同志“优秀会员”荣誉称号；授予32名同志“优秀学会工作者”荣誉称号。医院图书馆委员会也在全国范围内展开评选先进活动，评选、表彰4个先进分会、12个先进图书馆和46名先进个人。

三、发挥行业协调与资源整合优势，资助重点项目，援助基层图书馆建设

1. 召开中国图书馆学会2007新年峰会。2006年12月10—12

日学会在苏州召开 2007 新年峰会。近 30 名与会代表围绕贯彻落实《国家"十一五"时期文化发展规划纲要》,研讨与展望政府、学会、图书馆三者之间的关系和作用这一核心议题,分别就图书馆核心价值的再认识、图书馆服务网络模式构建、图书馆立法进程与需求、中国图书馆学专业教育与职业需求、中国图书馆学会志愿者行动等 5 个分议题进行了深入研讨。

2. 开展专项资金资助工作。中国图书馆学会专项资金办公室根据《中国图书馆学会专项资金管理办法》(试行),实施《2007 年中国图书馆学会专项资金资助方案》,35 名学生获得总额为65 000元的"韦棣华 2007 年度奖学金",《图书馆服务宣言》等 8 个项目获准资助计 9 万元。这是学会自成立以来首次开展专项资金的资助工作。

3.《公共图书馆建设标准》编制工作进展显著。编制组和有关专家实地调研考察甘肃省的 5 个图书馆并访问德国 8 个乡镇图书馆,收集大量相关数据和图纸,召开 10 余次座谈会和工作会议讨论修改文本。《标准》报批稿正在审批中。

4. 开展 2007 年志愿者行动。学会网上公开招募志愿者后,召开专题工作会议,编写培训大纲和参考资料。7 月底至 8 月初,来自全国图书馆界和海外的 40 名志愿者,分别对青海、甘肃、四川、广西、山西和河北等 6 省(自治区)的 621 个地、县级基层图书馆馆长进行系统的培训,3 位德国志愿者举办公众科普讲座 4 次,听众 1100 人。

5. 开展继续教育工作。全年举办 5 期培训(研讨)班,培训学员 248 人。主题涉及馆藏资源建设与文献采购招标、国内外学科馆员制度与学科馆员服务、图书馆新技术推广与应用、图书馆馆舍建设和中国科协个人会员管理系统等,受到业界欢迎,有效地促进工作的发展。

6. 各分支机构举办的活动。专业图书馆分会承接国家科技基础专项《我国数字图书馆标准与规范建设宣传与推广》子项目,在北京等地举办4期培训班，培训学员450多名；承办第三期中美数字图书馆高级研讨班；组织各类岗位培训班9个，培训学员387名。军队院校图书馆委员会申请获得总部机关重点建设项目，全面推进全军院校数字图书馆工程建设；积极协助总部机关对11家院校图书馆进行评估；组织编写《军事信息素质教育》系列教材。党校图书馆委员会举办了全国省级党校图书馆馆长研讨班。中小学图书馆委员会举办了第七届全国中小学图书馆长暑期研修班。

四、提高中国图书馆界的国际声誉和影响力，增加合作项目的实质性内容

1. 组织德国乡村图书馆专题考察。6月3—10日，学会组织考察团访问了德国巴伐利亚州的8个公共图书馆。考察团由《公共图书馆建设标准》的专家和区县级图书馆馆长，以及歌德学院中国分院图书馆馆长一行12人组成。考察期间与德国同行进行深层次的交流，既了解德国小型图书馆的办馆理念和图书馆建设、服务等经验，又介绍我国先进乡村社区图书馆的发展现状，特别是中国图书馆人科学务实的职业精神给德国同行留下了深刻的印象。此行是第二届百县馆长论坛的前奏和重要组成部分，成为中德继续开展长期合作的良好开端。

2. 合作举办第四届中美图书馆合作会议。10月17—31日，主题为“中美图书馆、博物馆、档案馆之间的合作”的第四届中美图书馆合作会议在美国都柏林召开，学会与国家图书馆、美国国会图书馆和美国研究图书馆协会联合主办。学会与中国博物馆学会和中国档案馆学会积极斡旋，诚挚沟通，最终促成图博档三界的首次成功合作。除组织19名代表出席会议外，还参加加州大学图书馆“百年收藏：北美东亚典藏发展史”研讨会，参观国会图书馆、纽约公共

图书馆、纽约布鲁克林图书馆、旧金山艺术博物馆等,并与美国华人图书馆员协会举行座谈会。此次活动可谓内容丰富,交流深入,感受立体,富有实效。

3. 接待来访。学会接待了香港图书馆协会新任会长罗明新的来访,双方就加深合作提出了自己的见解和主张,并围绕香港图书馆协会成立 50 周年庆典活动、推广社会阅读、编目标引和古籍保护等共同关心的问题表达了合作意向。接待美国华人图书馆员协会代表团一行 8 人出席学会年会,并安排在各分会场发言。

五、加强宏观指导,点面结合,立体推进,科普阅读活动形成规模效应

1. 组织 4.23“世界读书日”及全民阅读活动。学会响应中宣部等 17 个部委联合发出的开展“同享知识,共建和谐”的全民读书活动倡议,年初下发《关于开展 2007 年全民阅读活动的通知》,主题为“图书馆:阅读社会的家园”。号召全国图书馆利用 4.23“世界读书日”、5.4 青年节、“图书馆服务宣传周”、6.1 儿童节和“全民读书日”开展多种形式的阅读推广活动,展示图书馆的多种社会功能,提高公众对图书馆的认知度。学会在活动设计上突出整体性、指导性和服务性,并强化宣传效果。4 月 22—23 日,学会与国家图书馆、中国残疾人联合会、中国科协等单位合作,先后在国家图书馆举办“倾听春天——2007 世界书香日经典诵读”和“文津读书沙龙”讲座;科普与阅读指导委员会与地方图书馆和学会合作,在广州举办“第一届全民阅读论坛”,在厦门举办“多元媒体时代的阅读问题”研讨会;加之遍及各地的图书馆丰富多彩的阅读、讲座、展览、捐书等活动,交相呼应,形成全国性的整体声势,成为社会各界和媒体的关注热点。

2. 创意“绿色阅读”主题科普活动。7 月至 10 月,学会举办了主

题为“绿色阅读、节能环保、健康和谐”的科普活动，宣传节约环保和健康共享的阅读新理念，由阅读推荐、阅读接力、阅读创意、阅读健康4个板块组成。9种1040块“绿色阅读”科普宣传牌乘上了北京13条公交线路的40辆汽车，这是学会首次与社会合作以公益广告的方式让阅读走进百姓生活。本次活动遴选7省（自治区、直辖市）8市的13家少年儿童图书馆（室）共同参与实施，也是学会首次牵头组织大规模的科普阅读活动，不但受到图书馆界的广泛欢迎，也得到中国科协的赞赏和支持。

3. 举办科普展览。9月5日，学会在国家图书馆承办了中国科协“节能减排科普行动”赠书活动，来自各级各类图书馆、企事业单位、学校、农村和首都窗口行业的代表，接受了中国科协赠送的数万套宣传“节能减排”的科普图书，学会借此以“节约能源资源 保护生态环境 保障安全健康”为题制作科普展览在全国图书馆巡展。9月7—14日，学会在武汉2007中国科协年会同期举办了“公共科普场馆生态节能环保巡礼”展览，宣传节能环保知识，促进公共科普场馆标准化建设，并设置互动交流活动和专家咨询服务；9月15—23日，此展览又被选入北京“全国科普日”主会场，受到社会公众的关注，两次活动共计回收《公共科普场馆调查问卷》1200份，发放万方读书卡2000张，接待参观数千人。另外，“汉字——从甲骨文到计算机”等6个科普展览在全国39家图书馆巡展。

4. 开展“全民阅读”先进单位评选工作。为表彰在年度推广全民阅读活动中，组织得力、富有创意并取得良好社会效益的图书馆学会和图书馆，经学会科普与阅读指导委员会评选，共有14个学会及图书馆荣获“2006年全民阅读活动优秀组织奖”，24个图书馆（室）荣获“2006年全民阅读活动先进单位奖”。今年是此项奖励机制建立3年来，申报单位和获奖单位最多的一年，反映出全国各级各类图书馆开展全民阅读活动的热情逐年高涨，充分体现图书馆为创建和谐社会所付出的努力和作出的贡献。

六、办好期刊，建好网站，开发出版资源，加强信息交流和公关宣传

1. 举办学报创刊50周年纪念活动。9月20日，《中国图书馆学报》创刊50周年纪念座谈会在国家图书馆文会堂隆重举行。文化部副部长、中国图书馆学会名誉理事长、原学报主编周和平和文化部办公厅分别发来贺词、贺信。主编詹福瑞在讲话中回顾学报50年的历史、现状，提出今后的努力方向。任继愈、周文骏、彭斐章等老前辈相继发言。为纪念50周年华诞，编辑部组织业内专家学者，从1979年改革开放后复刊，到2006年学报发表的论文中评选出37篇优秀论文，会上为作者代表颁发获奖证书和纪念品。现场还展示了1957—2007年出版的全部学报样刊。

2. 编译出版工作开拓新领域。今年启动《中国图书馆学著作总目提要》和《中国图书馆事业年度发展报告(2006年)》的编纂工作，开拓编辑出版工作的新领域。由科普与阅读指导委员会主编的《书与阅读文库》丛书第一辑(共9册)，其中6册已由武汉大学出版社出版。《中国图书馆年鉴》和年会论文集的编辑工作正常进行。

3. 学会网站全面展示各项工作。网站配合学会的各项工作，对会议和活动的跟踪式报道更为及时、有效，图片报道大幅增加，提高了网站的可视度和生动性。网站日益成为相关机构发布各类信息的窗口，业界对网站的关注度明显提升，学会也随之扩大了自身的影响力。一年来，栏目更新、新建和发布151个；网页制作、更新与发布1500余个；图片制作、更新与发布800余幅，年浏览量逾10万次。

2007年，学会的宣传策划力度进一步加大，新闻媒体对学会的关注度不断增强。据不完全统计，《中国文化报》、《新华书目报》等

平面媒体对学会举办各类活动的相关报道有120余篇；网络媒体报道700余篇。

七、经验与展望

（一）工作思路更加清晰

学会工作的预见性和计划性逐步增强。年初，有效地利用新年峰会、秘书长联席会和常务理事会等不同的会议形式，将民主调研和组织程序等工作方式有机地结合起来，确定全年工作重点和责任分工，并配以人、财、物和相应的工作机制，加强了工作的程序化和条理性。年末，利用全国学会工作会议对学会工作者进行专业培训、经验交流和观念引导，对国家的社会团体政策和中国现阶段社会团体生存状况的深入了解和清醒认识，有效地提高学会工作者队伍的理论水平和政策水平，加强学会工作者队伍的专业化和规范化。

（二）影响力更为突出

学会通过举办一系列会议、展览和活动，以及《中国图书馆学报》、工作通讯、网站等，为业界搭建交流的平台，密切了与图书馆界的联系，使学会的凝聚力、影响力日益增强，也赢得海外同行的认同。同时，学会积极主动地与政府机构、相关行业学（协）会组织、社会公益机构，和新闻媒体等建立广泛而友好的沟通、交流与合作关系，逐渐得到来自社会更多的关注和政府更多的信任与支持，为学会今后的生存与发展奠定基础。

（三）更加重视创新与实践的结合

始于2006年的“志愿者行动”和2005年的“百县馆长论坛”作

为学会的创新活动,与基层图书馆的实践结合得十分紧密。2007年,志愿者行动的范围从去年的3个省扩大为6个省,志愿者从国内延伸到海外,志愿者与基层的交流更加深入,并且赢得文化厅和人事厅等各级政府对图书馆事业的关注与支持。百县馆长论坛重心继续下移,更加务实,将县级图书馆作为中心馆的社区乡镇图书馆的发展模式定为主题;范围从内地延展到香港、德国,话题从“体系建设”、“资源共享”到“社会力量参与图书馆建设”,是中外图书馆界共同最关心的实际问题。这就使得创新不仅仅是活动形式的新,而且是活动内容的新,因为这样的“创新”来源于不断发展变化着的实践,所以它才具有生命力,才能够可持续,才蕴藏着无限的价值。

(四)更加重视理论与实践的结合

学会今年首次实施的专项资金资助工作,重点扶持图书馆事业发展重大问题的研究项目,加大对图书馆发展过程中亟待解决的实际问题的科学研究、理论总结和实践指导,使业界学者与专家携手合作,理论研究与实际工作同步推进,富有指导性、操作性的成果层出不穷,并通过会议、媒体、期刊等途径及时发布、推广。诸如《图书馆服务宣言》、《常熟共识》、《关于推进公共图书馆服务体系建设的建议》(递交文化部)、《总分馆模式研究》、《图书馆专业教育与职业需求研究》、《图书馆文献采访工作规范》、《公共图书馆建设标准》和《关于加快我国图书馆立法的提案》(提交全国人大)等。将“立足实践,面向职业”作为图书馆理论体系研究与构建的基本定位已成共识,这意味着理论研究必将会伴随21世纪中国图书馆事业的繁荣与发展的实践,去开创学科发展、学术繁荣的新局面。

在2007年底开展的第六届中国科协先进学会奖评选活动中,中国图书馆学会再次荣获“先进学会奖”(综合奖)。这既是对学会近年工作的褒扬与肯定,也是对今后工作的鼓舞与鞭策。学会将以此为动力，深入贯彻落实“十七大”精神，在我国全面建设小康社会，构建“和谐社会”，建设创新型国家的事业中，认清形势，找准定位，团结一致，切实肩负起时代赋予学会的历史使命，迎接学会30周年盛事。

国家图书馆出版社简介

国家图书馆出版社，原名书目文献出版社，1979 年成立。1996 年更名为北京图书馆出版社，2008 年改为现名。

本社是文化部主管、国家图书馆主办的中央级出版社。2009 年 8 月新闻出版总署首次经营性图书出版单位等级评估定为一级出版社，并授予“全国百佳出版单位”称号。

建社三十年来，依托国家图书馆的丰富馆藏，并与各图书馆密切合作，形成了两大专业出版特色：一是编辑出版图书馆学和信息管理科学著译作，出版各种书目索引等中文工具书。二是整理影印中文古籍等各种稀见历史文献；此外还编辑出版各种文史著作和传统文化普及读物。

国家图书馆出版社设有社长总编办公室、财务部、营销策划部、古籍影印编辑室、图书馆学情报学编辑室、综合编辑室、文史编辑室、中华再造善本编辑室、发行部、储运部等部门。